★ 化学老师们给孩子的小初衔接课 ★

化学？化学！

用实验和问题链提前解锁初中化学

张 旌 陈明霞 支二娟 编著

上海交通大學出版社
SHANGHAI JIAO TONG UNIVERSITY PRESS

内容提要

本书力求通过实验探究的方式帮助学生掌握科学的化学学习方法和思考方式，书中包含气体、水、溶液、金属、酸、碱、盐等初中阶段学生要掌握的基础化学知识。全书共20小节，每节内容均严格按照新课标“问题引导式”的教学模式引导学生开展学习探究，围绕化学现象提出问题，鼓励学生用生活中随处可见的物品学做化学实验。通过这些探究性实验，让学生学会自己提出问题、作出假设，并且能够学以致用地设计实验，完成实验，最后发现化学规律。通过学习本书，学生不仅能掌握化学原理、规律，更能培养化学学科思维，学习控制变量法等方法，本书适合小学和初中学生、教育工作者以及对化学感兴趣的人阅读。

图书在版编目（CIP）数据

化学？化学！ ：用实验和问题链提前解锁初中化学 / 张旌，陈明霞，支二娟编著. -- 上海 ：上海交通大学出版社，2025.3（2025.4 重印）. -- ISBN 978-7-313-32290-6

Ⅰ. G634.83

中国国家版本馆 CIP 数据核字第 2025MB8757 号

化学？化学！——用实验和问题链提前解锁初中化学

HUAXUE? HUAXUE!——YONG SHIYAN HE WENTILIAN TIQIAN JIESUO CHUZHONG HUAXUE

编　　著：张　旌　陈明霞　支二娟

出版发行：上海交通大学出版社　　地　　址：上海市番禺路 951 号

邮政编码：200030　　电　　话：021-64071208

印　　制：上海文浩包装科技有限公司　　经　　销：全国新华书店

开　　本：889 mm × 1194 mm　1/16　　印　　张：12.5

字　　数：230 千字

版　　次：2025 年 3 月第 1 版　　印　　次：2025 年 4 月第 2 次印刷

书　　号：ISBN　978-7-313-32290-6

定　　价：96.00 元

作者简介：

张旋，北京市西城区化学教研员，正高级教师，北京市特级教师。主持并参与国家级、北京市级多项课题研究；主编、参与编写教学研究书籍多部。

张　旋

陈明霞

陈明霞，北京市第四十三中学教学副校长，中学高级教师。主编和参与编写的书籍有《中学化学作业设计》等。共发表论文 5 篇，负责市级课题 4 个，区级课题 4 个，另有 28 项教学设计、论文、课例荣获市、区等各类教学评比活动奖项。

支二娟，中国科学院理化技术研究所理学博士，北京师范大学第二附属中学一级教师，北京市西城区骨干教师。曾获北京市基础教学新课程实施成果特等奖、北京市基础教育优秀课堂教学设计一等奖等奖项；发表教学论文 6 篇，参与 3 个市级课题。

支二娟

PREFACE

前 言

在这个充满奇迹的世界里，化学以其独特的魅力和力量，悄然塑造着我们的生活。作为教育工作者和化学爱好者，笔者一直梦想着将这门学科的趣味性和实用性，以一种生动、有趣且易于理解的方式，呈现给学生。于是，《化学？化学！——用实验和问题链提前解锁初中化学》应运而生。在书中，主人公灵析在旅行中发现了许多化学奥秘，这些奥秘不仅丰富了她的知识，也为读者们学习和探索化学打开了一扇窗。它不仅是一本书，更是一段旅程，一次探索，一场发现。

这是一本怎样的书？

这本书是为像灵析这样充满好奇心的学生量身定制的。它是旅行，是探索发现之旅，将化学知识与灵析的旅行故事相结合，通过资料卡片、小贴士等形式，让学生在阅读的同时，能够从化学的视角去观察周围的世界，去探索那些看似平常却又充满奥秘的事物。

在这本书中特别设计了走进化学实验室和家庭小实验环节。学生将有机会亲自动手操作，观察实验现象，记录数据，并积极反思，学习实验探究的方法。这样的实践活动不仅能激发学生的学习兴趣，还能提高学生的动手能力、实验探究能力，以及安全意识等。

我们的旅程将去往何方？

在青藏高原，灵析体验了高原反应，这让她对氧气的重要性有了深刻的认识；在北京的国家速滑馆，灵析了解了如何用二氧化碳来制冰，为运动员提供完美的滑冰场地；在陕西宝鸡青铜器博物馆，灵析了解了金属的历史和文化；在河南郑州的河南博物院探秘铁器时代，灵析了解了铁器的发展和影响；在四川广汉的三星堆博物馆，灵析与古蜀人的黄金面具进行了一次穿越千年的对话，了解了金属在古代文明中的作用……此外，灵析还发现了海水淡化的秘密、探秘溶液的形成、了解食盐的生产过程……每一次旅行，都是一次新奇的化学实验课，都是一次全新的发现之旅。这些化学奥秘让灵析的旅程充满了乐趣。

这本书能带给读者什么？

灵析的旅行线路是一条贯穿中国各地的化学探索之旅，她的足迹遍及多个具有独特地理和文化特色的地区。通过实地考察和实验探究，本书将化学知识与实际生活紧密结合，为读者提供了一个生动的学习平台，帮助读者更好地理解和应用化学知识，也让化学世界变得触手可及，充满新鲜和乐趣。透过灵析的眼睛，读者可以发现化学不仅存在于实验室中，它无处不在，深刻影响着人们的生活。

这本书能够带给读者的，不仅仅是化学知识，更是一种探索世界的方式，一种解决问题的方法，一种创新思考的能力，更注重培养学生的学科思维和责任感。通过这本书，我们将和灵析一起学会如何用化学的视角去观察世界，如何用实验的方法去探索真理，如何用科学的思维去解决问题。

这本书的内容设计跨越了化学、地理、历史等多个学科，这种跨学科的学习方法有助于培养学生的综合思维能力，为他们未来的学习和生活打下坚实的基础。

这本书将抽象的化学概念与具体的实验操作相结合，将枯燥的理论知识与生动的旅行故事相融合。它不仅是一本化学书，更是一本旅行指南，一本实验手册，一本科学探索的启蒙书。希望通过这本书，学生能够学会如何提出问题，如何设计实验，如何分析数据，如何得出结论。更重要的是，希望学生能够学会欣赏科学之美，理解科学之用，体验科学之趣。

现在，让我们一起翻开这本书，跟随灵析的脚步，踏上这段化学之旅。去发现、去探索、去创造！让我们一起在化学的世界里自由翱翔，去揭开这个世界的神秘面纱，去发现那些隐藏在日常生活中的科学奇迹。

出发吧，探索家们！希望这本书，能够点燃你们对化学的热情，激发你们对科学的好奇心，成为未来的科学家和探索者。本书图片素材均已获得授权或来源于公开网络。如有权利人认为存在不当使用，请与作者联系（fanjing@zhiban.cn）。对于可能产生的疏忽与争议，我们深表歉意。

最后，感谢团队的共同努力，尽力确保每一个实验安全、准确，每一个故事引人入胜。感谢樊婧、刘曼曼、刘泽龙、李沛四位产品制作人对各个环节的严格把控，感谢出版社的编辑团队，你们的专业和努力让这本书得以问世。

本书编写组

2025 年 1 月

目录 CONTENTS

第一章

空气和氧气——生命和生活的支撑

本章概述

在浩瀚宇宙中，地球宛如一颗璀璨的明珠，而赋予这颗明珠生机与活力的，便是那无处不在的空气以及其中至关重要的氧气。它们如同生命的伴侣，默默地守护着地球上的万物，在生产与生活的每一个角落都留下了不可磨灭的印记。

空气调节着气候。它的流动带来风雨，滋润大地，使万物生长。它还塑造着美丽的自然景观，如飘逸的云朵、绚丽的晚霞，都离不开空气的参与。在生产、生活中，空气也大显身手：工业上，压缩空气成为动力，驱动各种工具机器；农业上，空气的流动助力农作物授粉生长；生活中，空气更是声音传播的介质，让我们能聆听世界的美妙。空气，如此神奇且不可或缺，默默守护和滋养着我们的一切。

图 1-1　地球周围的空气

图 1-2　大气中飘逸的云朵

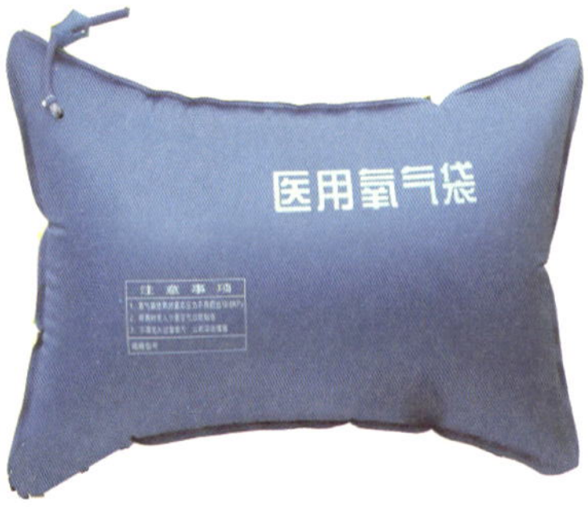

图 1-3　氧气袋

图 1-4　氧炔焰

氧气是生命的动力源泉。我们身体的每一个细胞都依赖氧气进行呼吸作用，从而释放能量，让我们能思考、运动、感知世界。从出生的第一声啼哭到生命的每一刻，氧气都如忠诚的伙伴，维持着生命的活力。在工业领域，氧气是强大的助力。钢铁冶炼中，它能提高炉温，加速化学反应，让坚硬的钢铁得以炼就。化工生产里，它参与众多氧化反应，催生各类产品，推动工业的车轮滚滚向前。在医疗一线，氧气更是救命的法宝，无论是呼吸困难患者，还是危急重症病人，氧气为他们带来生的希望，缓解病痛，助力康复。氧气，以其独特的力量，贯穿生命与生产的始终，不可或缺，无可替代。

让我们跟随灵析的脚步，一起在旅行中充分体会空气和氧气在我们生活中的重要应用，感受空气和氧气的魅力吧！

第 1 节　呼吸的奥秘——初识空气和氧气

灵析听说在河南南阳有一个“中原第一氧吧”——西峡老君洞，于是，便怀揣着对清新空气与自然风光的向往，踏上了这一场奇妙的旅程。

刚踏入这片胜地，清新的空气便如灵动的精灵，迫不及待地涌来。沿着蜿蜒的小路前行，四周郁郁葱葱的树木，像是一座绿色的城墙。每一次呼吸，都能感受到那空气的纯净与清新。这里的空气仿佛没有丝毫杂质，就像被过滤了无数遍，带着丝丝甜味，那是树木和花草交织的芬芳。微风轻拂，树叶沙沙作响，仿佛在演奏一首欢迎的乐曲，而清新的空气就是这首乐曲中美妙的音符。

图 1-5　西峡老君洞的美丽风光

深入太清谷，空气愈发湿润凉爽。潺潺的溪流在身旁流淌，溅起的水花让空气更添几分灵动。在这里，深呼吸成了一种享受，每一次呼吸都能让肺部充满活力，那清新的感觉从鼻腔一直蔓延到身体的每个角落，驱散了所有的疲惫。

空气的成分是什么呢？

人类每时每刻都离不开空气，没有空气就没有生命，也没有生机勃勃的地球。那空气中到底有什么呢？我们一起来看看 200 多年前法国化学家拉瓦锡的研究吧！

资料卡片

拉瓦锡研究空气成分

200 多年前，法国化学家拉瓦锡用定量的方法研究了空气的成分。他把少量汞放在密闭的容器里（玻璃钟罩）连续加热 12 天，发现有一部分银白色的液态汞变成红色粉末，同时容器里空气的体积差不多减少了 $\frac{1}{5}$。他研究了剩余 $\frac{4}{5}$ 体积的气体，发现这部分气体既不能供给呼吸，也不能支持燃烧，他认为这些气体全部都是氮气（拉丁文原意是“不能维持生命”）。

图 1-6　拉瓦锡

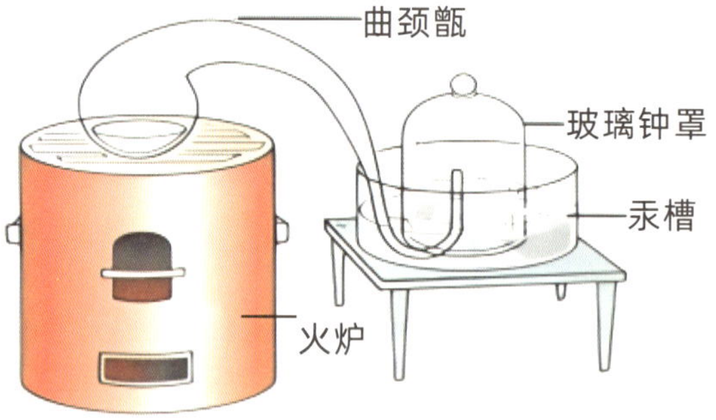

图 1-7　拉瓦锡研究空气成分所用的装置示意图

拉瓦锡又把在汞表面生成的红色粉末收集起来，放在另一个较小的容器里再加强热，得到了汞（Hg）和氧气（O_2），而且氧气的体积恰好等于密闭容器里所减少的体积。他把得到的氧气加到前一个容器里剩下的 $\frac{4}{5}$ 体积的气体中，结果所得气体的性质跟空气的完全一样。

我知道了，通过拉瓦锡的实验可以得出空气由氧气（O_2）和氮气（N_2）组成，其中氧气约占空气总体积 $\frac{1}{5}$ 的结论。

是的，我们现在依然可以仿照这个著名实验的原理，测定空气中氧气的含量，一起来试试吧！

走进化学实验室

实验名称：空气中氧气含量的测定

▶ 实验步骤

集气瓶内加入少量水，并将水面上方空间分为 5 等份。用弹簧夹夹紧胶皮管。在燃烧匙内放入足量红磷，点燃红磷后，立即伸入瓶中并塞紧橡胶塞，观察红磷燃烧的现象。待火焰熄灭并冷却至室温后，打开弹簧夹，观察实验现象及集气瓶中水面的变化。

现象	
分析	

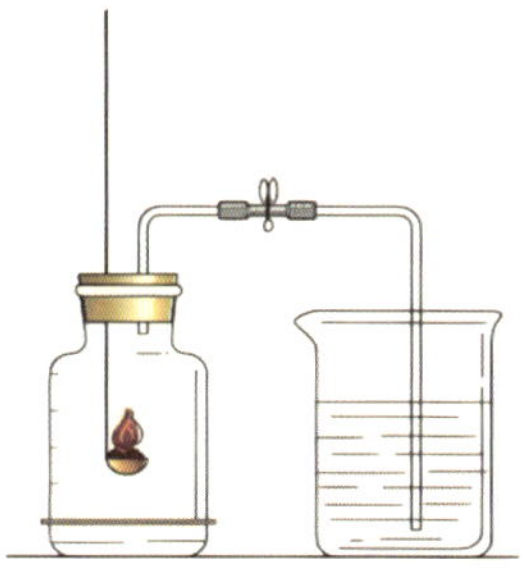

图 1-8　测定空气中氧气含量的装置

在这一过程中，红磷（P）与空气中的氧气反应，生成一种叫五氧化二磷（P_2O_5）的新物质，它是固体，这一反应的化学方程式表示如下：

$$4P + 5O_2 \xlongequal{\text{点燃}} 2P_2O_5$$

你能通过实验现象分析发生的变化，并确定空气中氧气的含量吗？

红磷和氧气在实验中生成了五氧化二磷这种新物质。拉瓦锡的实验中，汞和氧气也生成了红色粉末氧化汞，两个实验中均生成了新物质。

是的，**化学上把这种生成新物质的变化，叫作化学变化，也叫化学反应**。化学反应的基本特征是有新物质生成，常表现为改变颜色、放出气体、生成沉淀等。化学变化不但生成新物质，而且还伴随着能量的变化，这种能量变化常表现为吸热、放热、发光等。我们可以通过观察现象，来判断物质是否发生了化学变化；也可以根据反应前后物质的质量、体积等物理量的变化进行定量测量。而**物质在化学变化中表现出的性质叫作化学性质**。例如，红磷可以在氧气中燃烧。

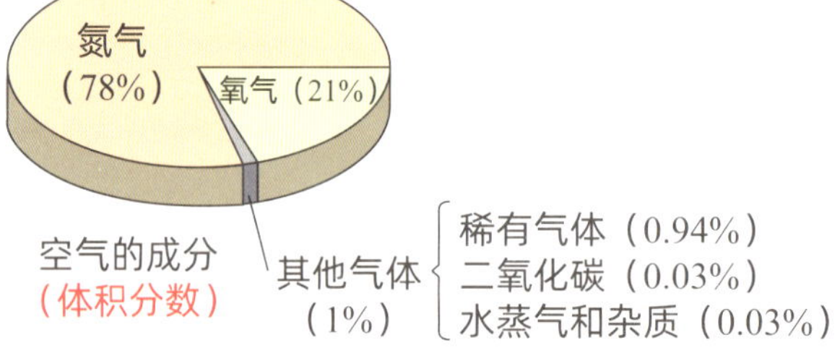

图 1-9　空气成分示意图

根据反应前后集气瓶中水的体积变化，可以测量空气中氧气的含量。反应时红磷固体与氧气反应生成了五氧化二磷固体，固体体积变化不大，集气瓶内水面上升约 $\frac{1}{5}$，说明空气中的氧气被消耗了，消耗的氧气体积约占空气体积的 $\frac{1}{5}$。

通过实验测定，空气的成分按体积百分比计算，大约是：**氮气 78%，氧气 21%，稀有气体 0.94%，二氧化碳 0.03%，水蒸气和杂质 0.03%**。

哇，那就是说空气中含有多种物质。那它们保持各自的性质吗？

是的，空气中含有多种物质。像空气这样由两种或两种以上的物质混合而成的物质叫作**混合物**，组成混合物的各种成分保持着它们各自的性质。氮气、氧气、二氧化碳等分别是由一种物质组成，它们都是**纯净物**。

空气中含有这么多的成分，一定有非常多的用途吧？

空气是生命活动和工业生产的重要支撑。空气中的成分参与不同的生命和生产活动，例如，空气中的氧气供给动植物的呼吸作用产生二氧化碳；二氧化碳气体参与植物的光合作用产生氧气；氮气被自然界和人工转化为植物可以吸收利用的氮肥，促进植物生长，实现大气中的氮循环。我们一起来学习吧！

资料卡片

呼吸作用

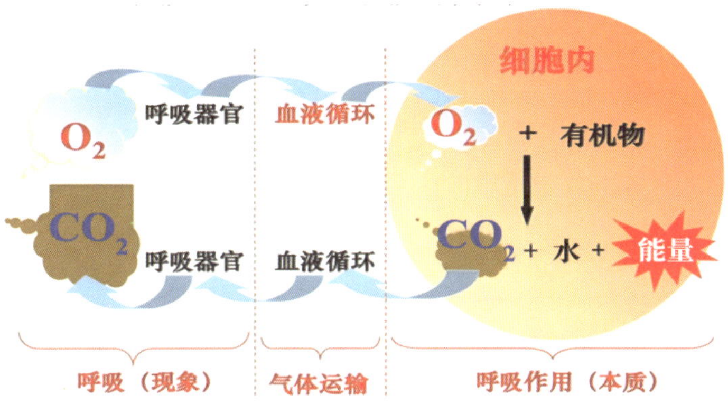

图 1-10　动物的呼吸作用示意图

动物的呼吸作用主要是通过呼吸系统进行。动物吸入氧气，氧气进入血液后被输送到身体的各个细胞。在细胞中，氧气参与有机物的氧化分解，释放出能量供动物进行各种活动，同时产生二氧化碳等代谢产物。动物通过呼气将二氧化碳等排出体外。

那是不是说明我们吸入的气体中氧气的含量更高，而呼出的气体中二氧化碳的含量更高？让我们来通过实验证明吧！

走进化学实验室

实验名称：人们吸入和呼出的气体有什么不同？

资料

（1）二氧化碳可以使澄清石灰水变浑浊。

（2）氧气可以使带火星的木条复燃。

（3）二氧化碳可以使燃烧的木条熄灭。

实验中，我们将主要观察呼吸前后气体中氧气、二氧化碳和水蒸气含量的变化。

实验步骤

（1）取两个空集气瓶，用玻璃片将瓶口盖好，这样两瓶空气样品就收集好了。

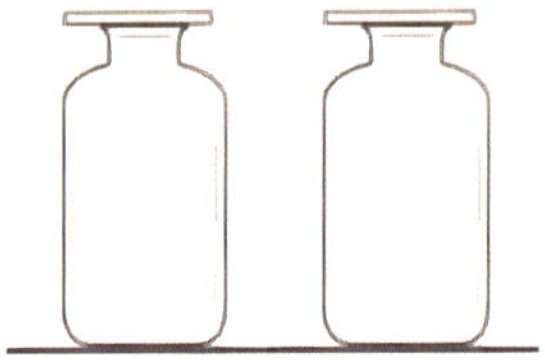

图 1-11　空气样品

（2）另取两个集气瓶，将它们分别盛满水，并用玻璃片先盖住瓶口的一小部分，然后推动玻璃片将瓶口全部盖住，把盛满水的瓶子连同玻璃片一起倒立在水槽内（如图 1-12）。将饮料管小心地插入集气瓶内，并向集气瓶内缓缓吹气（如图 1-13，注意：换气时不要倒吸集气瓶内的水），直到集气瓶内充满呼出的气体。在水下立即用玻璃片将集气瓶的瓶口盖好，然后取出集气瓶放在实验桌上（如图 1-14）。用同样的方法再收集一瓶呼出气体的样品。

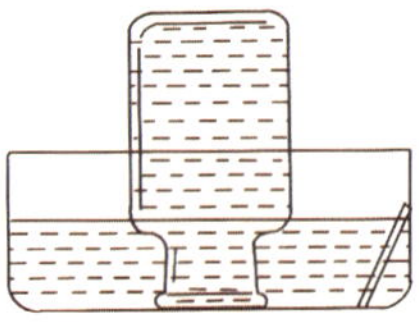

图 1-12　准备收集气体

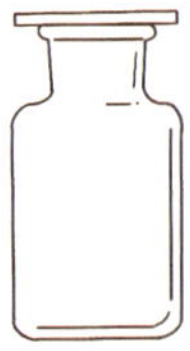

图 1-13　收集呼出的气体

图 1-14　呼出气体的样品

（3）将燃着的木条分别插入空气样品和呼出气体的样品中（如图 1-15），观察并记录现象。

现象	
结论	

图 1-15　用燃着的木条检验气体样品

（4）向一瓶空气样品和一瓶呼出气体的样品中各滴入相同滴数的澄清石灰水，振荡（如图 1-16），观察现象并记录。

现象	
结论	

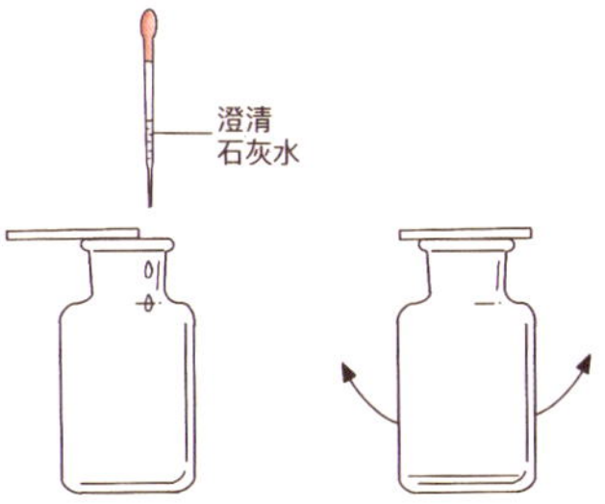

图 1-16 用澄清石灰水检验气体样品

（5）取两块干燥的玻璃片或镜片，对着其中一块哈气（如图 1-16），对比观察两块玻璃片或镜片上发生的现象。

现象	
结论	

图 1-17 对着干燥的玻璃片哈气

（6）得出结论：

____

____。

哇，人们呼出的气体中，二氧化碳气体和水蒸气的含量明显比空气中的高，而氧气的含量明显变低了。那这样的话，会不会空气中的氧气含量越来越低，二氧化碳含量越来越高，最后空气中全部都是二氧化碳了呢？

当然不会啦，动植物的呼吸作用在不断地消耗氧气产生二氧化碳，而植物的光合作用也在不断地消耗二氧化碳产生氧气呢，我们一起来看一看。

资料卡片

光合作用

光合作用是绿色植物、藻类和某些细菌利用光能，将二氧化碳和水转化为有机物，并释放出氧气的过程。

光合作用主要发生在植物叶片的叶绿体中。叶绿体中的叶绿素等光合色素能够吸收光能，这些色素就像是一个个小的能量捕捉器。以绿色植物为例，其光合作用包括光反应和暗反应两个阶段。光反应阶段在叶绿体类囊体膜上进行，光能被吸收后用于水的分解，产生氧气、[H]（还原氢）和 ATP（三磷酸腺苷）。暗反应阶段在叶绿体基质中进行，利用光反应产生的 [H] 和 ATP，将二氧化碳转化为糖类等有机物。光合作用对维持地球的碳 - 氧平衡等有着极其重要的意义。

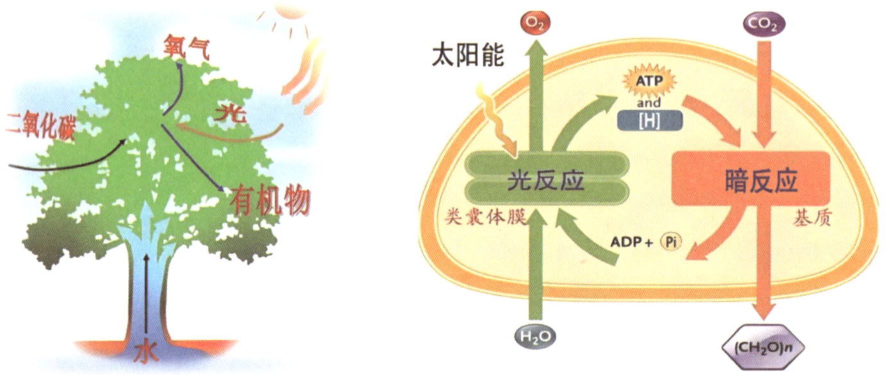

图 1-18　光合作用过程示意图

我明白了，空气中氧气和二氧化碳的含量在人与自然的和谐相处过程中保持相对稳定的状态。那氮气的含量是如何保持相对稳定的呢？

氮气用途广泛。由于氮气化学性质不活泼，因此常被用作保护气，如焊接金属时常用氮气作保护气，食品包装中充入氮气以防腐。医疗上可用液氮冷冻进行一些治疗，超导材料在液氮的低温环境下能显示超导性能。氮气是制造硝酸和氮肥的重要原料。

资料卡片

自然界中的氮循环

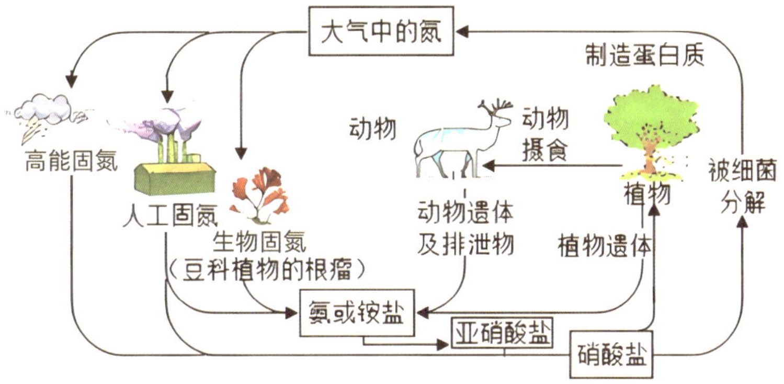

图 1-19　氮循环示意图

自然界中的氮循环是一个复杂且至关重要的过程。空气中氮气含量约占 78%，但不能被大部分生物直接利用。首先，通过生物固氮，像豆科植物根瘤中的根瘤菌，能将氮气转化为氨。闪电等高能条件下会发生高能固氮，使氮气生成氮氧化物，随雨水进入土壤成为植物可吸收的硝酸盐。其次，人类也可以通过化学反应将其转化为氮肥，植物吸收这些含氮物质，合成自身所需的有机氮。动植物残体和排泄物中的有机氮经微生物氨化作用变为氨，氨又经硝化作用转化为硝酸盐。最后，在缺氧环境下通过反硝化作用，硝酸盐被还原为氮气回到大气，循环往复。

资料卡片

稀有气体

空气的成分中，稀有气体（氦、氖、氩、氪、氙和氡）所占比例虽然很小，但它们却是一类很重要的气体。它们都没有颜色，没有气味，化学性质很不活泼。在生产和科学研究中，稀有气体有广泛的用途，稀有气体在通电时能发出不同颜色的光，可制成多种用途的电光源，如航标灯、强照明灯、闪光灯、霓虹灯等。液态氦可用于制造低温环境。

图 1-20　稀有气体用于霓虹灯和制冷

哇，原来地球上各种生命和生产活动都在相互协调，使空气中的各成分及其含量基本保持不变，那为什么西峡老君洞公园里的空气比城市里的清新许多呢？

前面只是分析了自然界中各种生命活动对大气的影响，由于人类社会的不断发展，生产过程中在不断地消耗空气中的各种成分，也在不断向空气中排放新的物质，因此不同地域的空气成分会因为其生产活动不同而发生变化。例如，城市中机动车辆较多，会排放较多的二氧化碳气体和含有氮氧化物的汽车尾气，同时公园绿地面积相对较小，所以光合作用产生的氧气量相对较少，只能靠空气环流来维持空气中各成分的相对含量，所以有的城市尤其是工业发达且绿地面积较小的城市空气质量较差。

资料卡片

空气质量指数

空气质量指数（air quality index, AQI），是定量描述空气质量状况的指数。它是一个综合指标，用于评估大气环境质量对人体健康的影响程度。与之前的空气污染指数（API）相比，AQI 考虑的污染物种类更多，也更能准确地反映空气质量的实际情况。

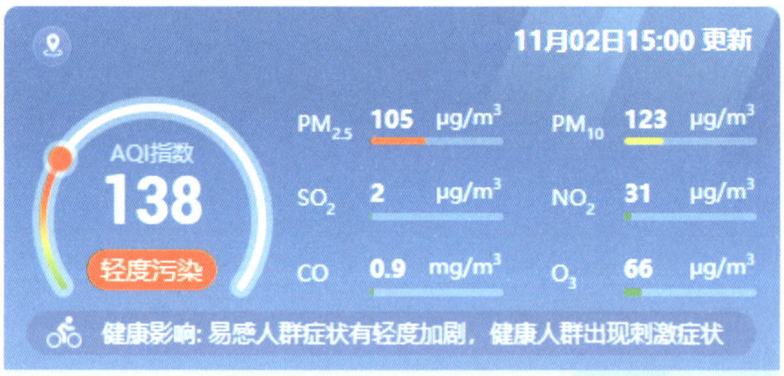

图 1-21　某城市某天的空气质量指数

AQI 的计算基于多个污染物的浓度，主要包括细颗粒物（$PM_{2.5}$）、可吸入颗粒物（PM_{10}）、二氧化硫（SO_2）、二氧化氮（NO_2）、臭氧（O_3）和一氧化碳（CO）等。对于每种污染物，都有相应的浓度 AQI 转换公式。首先确定各个污染物的实测浓度，然后根据公式计算出每个污染物对应的分指数（IAQI）。其中，最大的分指数即为当日的空气质量指数（AQI）。

AQI 根据数值大小分为六个等级。0～50 为一级，空气质量指数类别为优，此时空气质量令人满意，基本无空气污染，各类人群可正常活动；51～100 为二级，良，空气质量可接受，但某些污染物可能对极少数异常敏感人群健康有较弱影响；101～150 为三级，轻度污染，易感人群症状有轻度加剧，健康人群出现刺激症状；151 ～ 200 为四级，中度污染，进一步加剧易感人群症状，可能对健康人群心脏、呼吸系统有影响；201～300 为五级，重度污染，心脏病和肺病患者症状显著加剧，运动耐受力降低，健康人群普遍出现症状；大于 300 为六级，严重污染，健康人群运动耐受力降低，有明显强烈症状，提前出现某些疾病。

AQI 在环境监测和公众健康保护方面具有重要作用。政府部门依据 AQI 的数值和等级，采取相应的环境管理措施，如在重度污染和严重污染时，可能会限制部分工业企业的生产活动、实行机动车限行等。公众也可以根据 AQI 来安排日常活动，例如，当 AQI 较高时，人们可以选择减少户外活动时间，特别是老人、儿童和患有心肺疾病的人群。

我明白了，西峡老君洞树木茂密，植被丰富，植物光合作用会产生充足的氧气，又有小河和瀑布，空气中水蒸气含量高，同时远离城市和工厂，没有污染气体产生，因此这里的空气清新怡人。而城市里工业生产过程中产生的有害气体和烟尘会对空气造成污染，所以我们会觉得这样的空气污浊不堪。被污染的空气会损害我们的身体健康，影响作物生长，甚至破坏生态平衡，因此我们一定要积极行动起来，植树、造林、种草等，以改善空气质量，也要好好学习化学，应用化学知识开展绿色生产，从源头上消除空气污染。

思维训练

通过这一部分的阅读和学习，请你对空气的成分及其用途进行梳理。

第2节 氧启高原行——探究氧气的制备

灵析体验了“中原第一氧吧”的清新，听说西藏的空气特别纯净，于是她怀揣着对神秘青藏高原的无限憧憬，踏上了这片令人心驰神往的土地。当她双脚踏上这片高原的瞬间，一种难以言喻的震撼如潮水般涌上心头。

展现在她眼前的是一幅无比壮丽的自然画卷。连绵起伏的雪山在阳光的照耀下闪烁着圣洁的光芒，那洁白的雪山顶仿佛是大自然用最纯净的白色精心雕琢而成的巨幅雕塑，威严地耸立在云端之上。每一座雪山都像是一位沉默的巨人，守护着这片古老而神秘的土地。山顶的积雪终年不化，宛如一顶顶巨大的白色皇冠，散发着神秘而高贵的气息。

图 1-22　西藏的雪山、草原美景

远处，广袤无垠的草原如同一块巨大的绿色地毯，一直铺展到天边，与湛蓝的天空相接。草原上，桃花如云霞般绽放，粉嫩娇艳，密密匝匝地开满枝头。在雪山的映衬下，桃花更显柔美，与蓝天白云、青稞田园交织，构成如诗如画的世外桃源美景。

灵析深深地吸了一口气，清新而稀薄的空气瞬间充满了她的肺部。灵析突然感到有点儿头晕，同伴说这是高原反应。为什么人来到青藏高原会出现高原反应呢？

资料卡片

高原反应

高原反应主要是因为人体从平原地区快速进入海拔 3000 m 以上的高原时，空气中氧气浓度较低引起的。随着海拔升高，气压会逐渐降低。在高原地区，气压明显低于平原，导致空气变得稀薄。空气中的氧气含量相对减少，通常只有平原地区的 60%～70%。而人体习惯了平原地区的氧气供应，当进入高原后，氧气摄取量不能满足身体的需求。为了应对这种低氧环境，身体会产生一系列生理反应。比如，会加快呼吸频率来吸入更多氧气，这就表现为呼吸急促；心脏也会加速跳动，增强血液循环，以输送更多氧气到身体各部位，从而出现心慌的症状。同时，由于脑部供氧量不足还可能伴有头痛、头晕、失眠、疲倦、恶心、呕吐等不适，这些就是高原反应的常见表现。

在高原旅行时，若出现高原反应，可以采取以下措施缓解症状：

（1）吸氧气，这是最直接有效的缓解方法。使用便携式氧气瓶或氧气袋吸氧气，能够快速提高血液中的氧含量，减轻缺氧症状。

（2）药物辅助，抗高原反应药物可以减轻症状。如红景天，它能提高身体对缺氧的耐受性；乙酰唑胺，它能促进肾脏排出碱性物质，增加血液中氢离子浓度，从而刺激呼吸中枢，改善呼吸功能，当然，药物一定要在医生的指导下服用。

（3）补充水分，保持充足的水分摄入对于缓解高原反应很重要。多喝水可以使血液稀释，促进血液循环，减轻血液黏稠度，有助于氧气的输送。

原来高原反应是高海拔地区氧气的浓度过低引起的身体不适。难怪来西藏旅行的人常随身携带一袋氧气，他们是为了缓解高原反应特地准备的。可这些氧气是怎么制备的呢？

资料卡片

工业制取氧气

空气中氧气的体积约为 21%，所以空气是制取氧气廉价、易得的原料。可是空气中还含有氮气和其他气体，怎样才能把氧气从空气中分离出来呢？

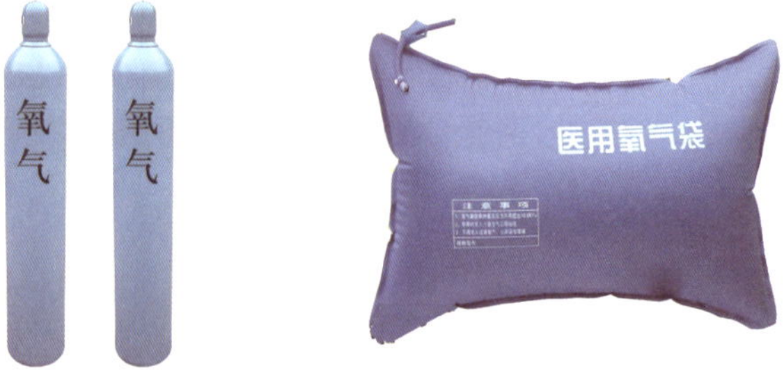

图 1-23　氧气瓶和医用氧气袋

我们知道，任何液态纯净物都有一定的沸点。科学家们正是利用了物质的这一性质，通过空气制得了氧气。首先，在低温条件下加压，使空气变为液态，此时得到的是液态氧气、液态氮气和少量其他液态气体的混合物，然后升温，由于液态氮的沸点是 –196 ℃，比液态氧的沸点（ –183 ℃）低，因此氮气首先从液态空气中蒸发出来，剩下的主要就是液态氧了。为了便于贮存、运输和使用，通常把氧气加压到 1.5×10^4 kPa，并贮存在蓝色的钢瓶中。而我们常用的氧气袋则是将氧气从氧气钢瓶中分装得到的，它更便于携带和使用。

原来医用氧气竟然都是直接利用空气制备得到的。先把气态的空气经过压缩变为液态氮气、液态氧气和其他成分的混合物，再利用各物质的沸点不同将氧气与空气中其他成分进行分离。这样的变化过程中，没有新物质生成，它属于什么变化呢？

化学上把没有生成新物质的变化，叫作物理变化。气态氧气变成液态氧气，液态氧气又变成气态氧气，朝玻璃片呼气时水蒸气变为小水滴的过程都是物理变化。**物质不需要发生化学变化就表现出来的性质叫作物理性质**。物质的颜色、状态、气味、硬度、熔点、沸点、密度等都属于它的物理性质，如通常状况下，氧气是一种无色、无味的气体，水是一种无色透明的液体。了解物质的物理性质，对于研究它们的组成、结构和变化也非常重要。

我明白了，物质有物理性质和化学性质，不同变化体现不同的性质。工业制氧气的过程中利用了氧气和氮气的物理性质——沸点的差异，没有发生化学反应，是物理变化。但是这种方法需要低温和高压，在实验室很难实现，我们能利用化学反应的方法制取氧气吗？

当然可以，实验室常采用加热高锰酸钾的方法制取氧气。我们一起来尝试一下吧！

走进化学实验室

实验名称： 氧气的实验室制取

实验用品： 大试管、试管夹、单孔橡胶塞、乳胶管、玻璃导管、集气瓶、水槽、铁架台（带铁夹）、酒精灯、玻璃片、棉花、火柴、高锰酸钾

实验步骤

（1）观察图 1-23 所示的装置，指出各仪器的名称，思考哪部分是气体发生装置？哪部分是气体收集装置？为什么可以用排水法收集氧气？

图 1-24　加热高锰酸钾制取氧气的装置

（2）用带有导管的橡胶塞塞紧试管，检验装置的气密性。确认装置不漏气后，拔开橡胶塞，在试管中装入少量高锰酸钾，并在试管口放一团棉花，用带有导管的橡胶塞塞紧管口，把试管口略向下倾斜固定在铁架台上。

(3) 将两个集气瓶分别盛满水，用玻璃片先盖住瓶口的一小部分，然后推动玻璃片将瓶口全部盖住，把盛满水的集气瓶连同玻璃片一起倒立在盛水的水槽内。

（4）加热试管。点燃酒精灯，先使酒精灯火焰在试管下方来回移动，让试管均匀受热，然后对高锰酸钾所在的部位集中加热。

（5）导管口开始有气泡放出时，不宜立即收集气体，当气泡连续并比较均匀地放出时，再把导管口伸入盛满水的集气瓶。待集气瓶里的水排完以后，在水面下用玻璃片盖住瓶口。小心地把集气瓶移出水槽，正放在桌子上。用同样的方法再收集一瓶氧气（瓶中留有少量水）。

（6）停止加热时，要先把导管移出水面，然后再熄灭酒精灯。

哇，真的有气体生成了，可是为什么不在刚开始有气泡放出时就立即收集气体？还有，为什么要把试管口略向下倾斜呢？再有，为什么停止实验时，要先把导管移出水面，后熄灭酒精灯呢？

小贴士

加热固体制备气体的注意事项

实验室利用加热固体的方法制备气体时，通常要注意以下问题：

（1）试管口要略向下倾斜。有些固体受热时会放出水蒸气，试管口略向下倾斜可防止冷凝水流至热的试管底部，避免试管炸裂。

（2）当产生的气泡连续并比较均匀时再开始收集气体。因为刚开始放出的气泡是不纯净的气体，它是试管内受热膨胀的空气和固体受热所产生的气体的混合物，冒出连续且均匀的气泡时，说明空气排净了。

（3）停止实验时，要先把导管移出水面。如果先熄灭酒精灯，试管内温度降低，不再产生气体，压强减小，水槽内的水可能被倒吸入试管，使试管因骤然冷却而炸裂。

原来所有的操作顺序都是为了保证实验的安全啊。那我们怎么确定高锰酸钾受热产生的气体真的是氧气呢？

这很简单，上一节中我们说过，**氧气可以使带火星的木条复燃**，木条燃烧越旺，说明氧气越充足，所以我们将带火星的木条伸入收集到的气体中，观察是否复燃吧！

实验名称：检验氧气

实验步骤

把带火星的木条伸到盛有气体的集气瓶中，观察木条是否复燃。

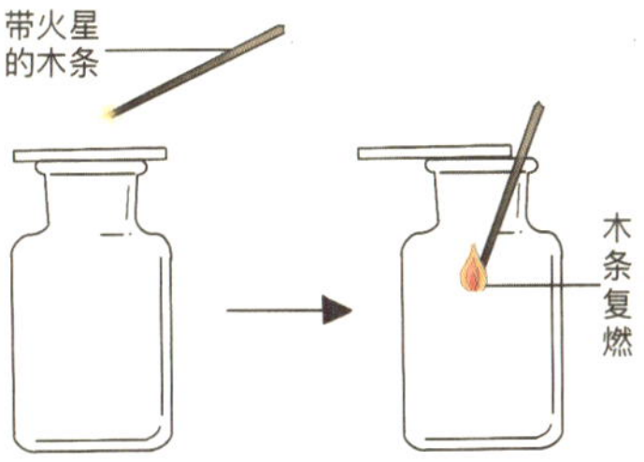

图 1-25　用带火星的木条检验气体

带火星的木条在集气瓶中复燃，证明高锰酸钾受热产生的气体是氧气，同时还有锰酸钾和二氧化锰生成，反应的化学方程式：

$$2KMnO_4 \xlongequal{\triangle} K_2MnO_4 + MnO_2 + O_2\uparrow$$

（高锰酸钾）　（锰酸钾）　（二氧化锰）　（氧气）

除了用加热高锰酸钾的方法制取氧气外，还有其他方法可以在实验室制取氧气吗？

当然，除用加热高锰酸钾的方法制取氧气外，在实验室里还常常用分解过氧化氢的方法制取氧气。过氧化氢溶液在常温下可以分解放出氧气，反应的化学方程式：

$$2H_2O_2 = 2H_2O + O_2\uparrow$$

（过氧化氢） （水） （氧气）

但是，在利用过氧化氢溶液分解制取氧气时，通常还要加入少量二氧化锰（MnO_2），这是为什么呢？我们一起通过实验来探究吧！

走进化学实验室

实验名称：探究过氧化氢分解制取氧气的反应中二氧化锰的作用

实验步骤

（1）在试管中加入 5 mL 5% 过氧化氢溶液，把带有火星的木条伸入试管，观察现象。

（2）向上述试管中加入少量二氧化锰，把带有火星的木条伸入试管，观察现象（如图 1-25）。

（3）待上述试管中没有变化时，重新加入过氧化氢溶液，并把带有火星的木条伸入试管，观察现象。待试管中又没有变化时，再重复上述操作，观察现象。

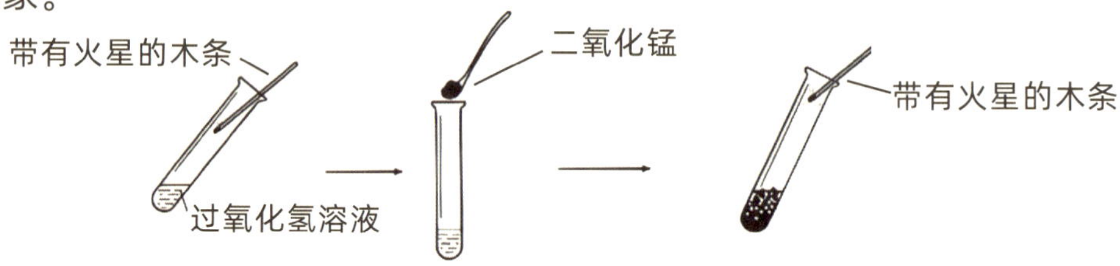

图 1-26 过氧化氢分解实验示意图

实验编号	现象	分析
（1）		
（2）		
（3）		
结论		

分析实验

（1）实验（1）和（2）中木条是否复燃？发生这种现象的可能原因是什么？

（2）实验（3）的重复实验中，反应后二氧化锰有无变化？

（3）综合（1）~（3）中所观察到的现象，你认为二氧化锰在过氧化氢分解的反应中起到了什么作用？

实验（1）中，带有火星的木条不能复燃，是因为过氧化氢溶液在常温下分解反应缓慢，放出的氧气很少，不足以使木条复燃。在实验（2）中，木条复燃，是因为加入少量二氧化锰使过氧化氢的分解反应速率增大，迅速产生大量氧气。实验（3）中，实验重复多次，每次只消耗了过氧化氢，二氧化锰好像永远用不完。

过氧化氢溶液在二氧化锰的催化作用下制取氧气的反应的化学方程式：

$$2H_2O_2 \xlongequal{MnO_2} 2H_2O + O_2\uparrow$$

是这样的，如果在实验前用精密的天平称量二氧化锰的质量，实验后把二氧化锰洗净、干燥，再称量，会发现它的质量没有发生变化。把它再加到过氧化氢溶液中，还可以加速过氧化氢分解。这种**在化学反应里能改变其他物质的化学反应速率，而本身的质量和化学性质在反应前后都没有发生变化的物质叫作催化剂**（又叫触媒）。催化剂在化学反应中所起的作用叫作催化作用。硫酸铜溶液、肝脏研磨液等对过氧化氢的分解也具有催化作用，大家在家也可以用动物肝脏研磨液来做这个实验哦。

除此之外，实验室还可以通过加热混有二氧化锰的氯酸钾固体制取氧气，除生成氧气外，同时还有一种叫氯化钾的物质生成。二氧化锰在这一反应中也是催化剂，这个反应的化学方程式：

$$\underset{\text{（氯酸钾）}}{2KClO_3} \xlongequal[\triangle]{MnO_2} \underset{\text{（氯化钾）}}{2KCl} + \underset{\text{（氧气）}}{3O_2\uparrow}$$

分析上述三个制取氧气的反应，可以发现它们都是**由一种物质生成两种或两种以上其他物质的反应**，化学上把这种反应叫作**分解反应**。

资料卡片

其他制取氧气的方法及其应用

1. 膜分离制氧气

近年来，膜分离技术得到迅速发展。利用这种技术，在一定压力下，让空气通过具有富集氧气功能的薄膜，可得到含氧量较高的富氧空气。利用这种膜进行多级分离，可以得到含 90% 以上氧气的富氧空气。富氧膜的研究在医疗、发酵工业、化学工业、富氧燃烧等方面得到重要应用。

2. 过氧化钠（Na_2O_2）制氧气

过氧化钠与水和二氧化碳均能发生反应生成氧气，反应的化学方程式：

$$2Na_2O_2 + 2H_2O = 4NaOH + O_2\uparrow$$

$$2Na_2O_2 + 2CO_2 = 2Na_2CO_3 + O_2\uparrow$$

这种制取氧气的方法可用于解决密闭空间作业时的用氧需求，比如，潜水艇在水下航行时，艇内人员需要氧气来维持生命。过氧化钠可以和艇内人员呼出的二氧化碳反应生成氧气，从而实现氧气的再生循环；在太空飞船等密闭空间中，航天员呼出的二氧化碳和水蒸气与过氧化钠反应产生氧气，从而保证太空飞船飞行过程中有持续的氧气供应，维持航天员的生命活动和舱内环境的稳定。

原来有这么多种方法可以制备氧气，这样我们就再也不用担心高原旅行的时候会出现高原反应了。氧气除了供给呼吸外，还有什么重要的用途呢？大家跟灵析一起去工厂看看氧气的神奇用途吧！

思维训练

设计实验方案利用下列仪器进行组合，使过氧化氢分解制取氧气，并画出装置图。

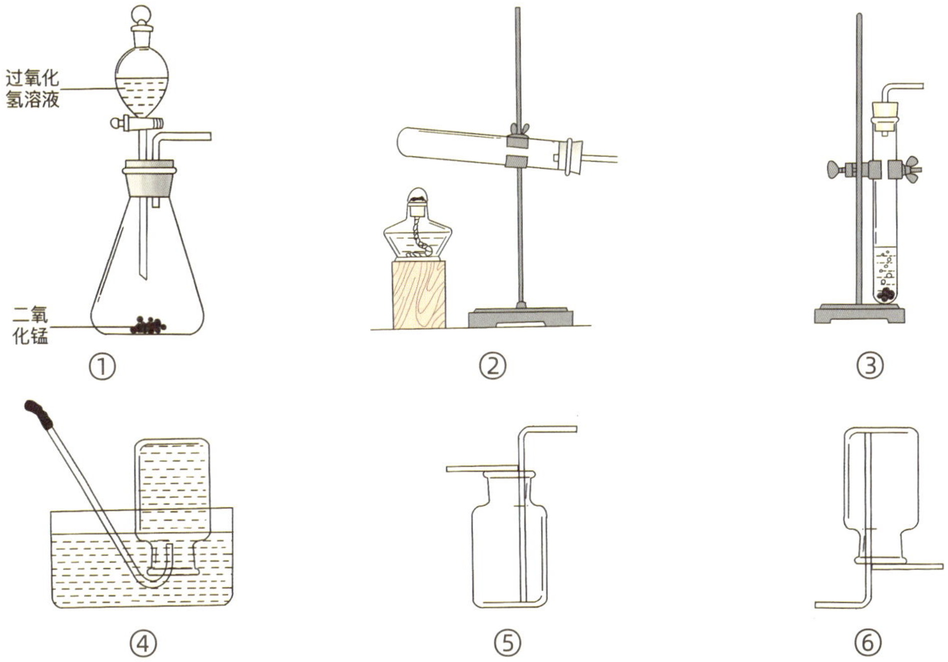

解答思路

为了得到平稳的气流，发生装置选择①，将过氧化氢逐滴滴加到盛有二氧化锰的锥形瓶中；因为氧气难溶于水，密度比空气大，所以可以用排水法或者向上排空气法收集氧气，收集装置选择④或⑤。

因此实验装置图：

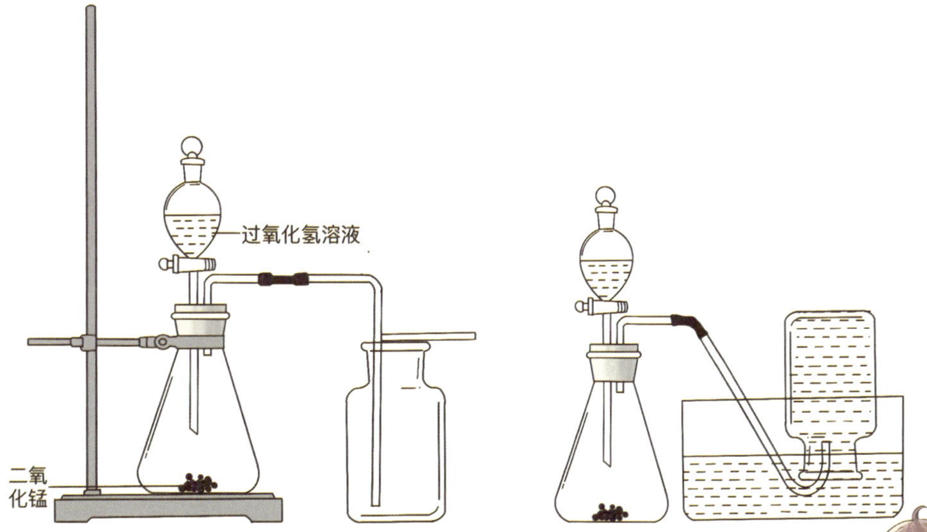

图 1-27　过氧化氢分解制取氧气的装置

第3节 氧助工业兴——探究氧气的性质

灵析结束了在青藏高原的难忘之旅后，带着对氧气的认识，来到了工业重镇——长春。中国第一汽车集团有限公司作为中国汽车工业的摇篮，见证了中国汽车工业的崛起与发展。在这里，灵析将在参观的过程中深入体会和理解氧气是如何助力工业发展的。

踏入一汽红旗文化展馆，就像开启了一场穿越时空的汽车文化之旅。展馆内，首先映入眼帘的是一幅幅珍贵的历史照片，它们生动地讲述着红旗品牌诞生的艰辛历程。在新中国成立初期，百废待兴，而制造国产轿车是一项伟大且极具挑战的事业。这些照片见证了第一代汽车人怀揣着梦想和使命，在艰苦条件下开始研发红旗轿车的历程。

图 1-28　一汽红旗文化展馆

实物展示更是震撼人心。各个时期的红旗轿车整齐排列，像是等待检阅的士兵。最初的红旗 CA72 的造型极具东方韵味，融合了中国传统文化元素，车身的线条流畅又庄重，标志性的扇形进气格栅犹如折扇展开，尽显优雅。车内的装饰细节更是精雕细琢，手工打造的座椅、仪表盘等都彰显出当时对品质的极致追求。还有在国庆阅兵等重大历史时刻出现的检阅车，它们承载着国家的尊严和荣誉，每一辆红旗车都有着独特的设计和深刻的意义，代表着红旗品牌与国家发展紧密相连。

讲解员介绍道："对于一些形状特殊、精度要求较高的金属零部件，在生产过程中可能需要使用氧炔焰进行切割。比如在模具制造中，一些模具的毛坯件需要切割成特定的形状和尺寸，都是老师傅用氧炔焰完成的，氧炔焰的高温可以快速、准确地完成切割任务，并且切割后的边缘相对整齐，能够满足模具制造的精度要求。"

之前在西藏旅行时，切身体会到氧气是我们生命的守护者，现在终于可以了解氧气在工业中的重要用途了。讲解员说氧炔焰有非常高的温度，为什么呢？

资料卡片

氧炔焰

氧炔焰是乙炔（C_2H_2）在氧气中燃烧所产生的火焰，它是一种高温火焰，温度可达 3000 ℃ 以上，在工业领域，特别是金属加工方面应用广泛，尤其是金属的焊接和切割上应用广泛。

氧炔焰根据氧气和乙炔的不同比例可分为三种火焰：

1. 中性焰

氧气与乙炔的体积比为 1:1 左右时，产生中性焰。中性焰由焰心、内焰和外焰三部分组成，在焊接中应用广泛，适用于焊接低碳钢、中碳钢、合金钢、紫铜和铝合金等材料。

2. 碳化焰

当氧气与乙炔的体积比小于 1:1 时，产生碳化焰。碳化焰具有较强的还原作用，可用于高碳钢、高速钢、铸铁等材料的焊接、钎焊或硬质合金的堆焊等。

3. 氧化焰

当氧气与乙炔的体积比大于 1:1 时，产生氧化焰。氧化焰一般不宜用于焊接低碳钢等普通金属材料，在焊接黄铜等材料时可利用其氧化性去除金属表面的油污等杂质。

原来可燃物与氧气的比例不同，燃烧的温度也不同呢。

乙炔在空气中燃烧时，会发出黄色火焰，产生大量黑烟，那是因为空气中氧气不足，部分乙炔不能完全燃烧，碳元素就会以黑烟（主要是微小的炭颗粒）的形式出现。除了乙炔，好多物质在空气中不能燃烧，但是在纯氧中就能剧烈反应。我们一起来看几个实验吧！

走进化学实验室

实验名称：木炭在空气和氧气中燃烧的对比

实验步骤

用镊子夹住一小块燃烧的木炭，观察它在空气中燃烧时的现象，然后把它伸入到充满氧气的集气瓶中（如图 1-29），再观察木炭在氧气中燃烧时的现象，比较木炭在空气和氧气中燃烧有什么不同。

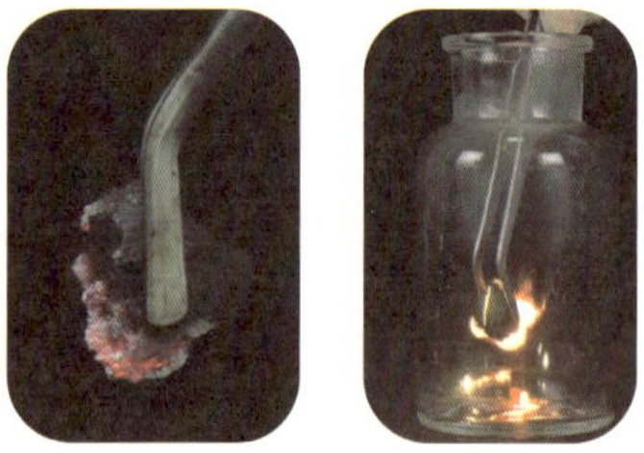

图 1-29　木炭在空气和氧气中燃烧

实验内容	现象
木炭在空气中燃烧	
木炭在氧气中燃烧	

实验名称：硫在空气和氧气中燃烧的对比

实验步骤

在燃烧匙里放少量硫，加热，直到硫燃烧，观察硫在空气中燃烧时的现象。然后把盛有燃着的硫的燃烧匙伸进充满氧气的集气瓶中（如图 1-30），再观察硫在氧气中燃烧时的现象。比较硫在空气和氧气中燃烧有什么不同。

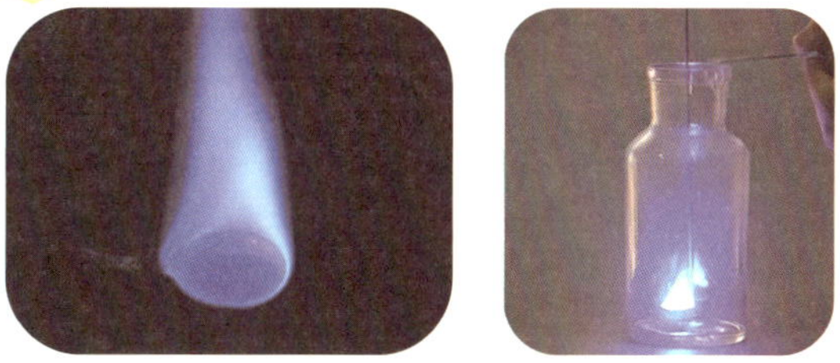

图 1-30　硫在空气和氧气中燃烧

实验内容	现象
硫在空气中燃烧	
硫在氧气中燃烧	

实验名称：铁丝在空气和氧气中反应的对比

实验步骤

把两根光亮的细铁丝分别盘成螺旋状。取一根在酒精灯上烧至红热，观察现象；另取一根，在下端系一根火柴，点燃火柴，待火柴快燃尽时，插入充满氧气的集气瓶中（预先放入一些水，如图 1-31），观察现象。

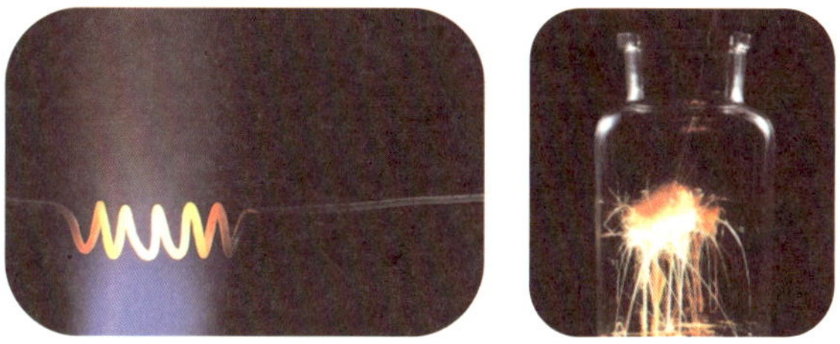

图 1-31　铁丝在空气和氧气中燃烧

实验内容	现象
铁丝在空气中燃烧	
铁丝在氧气中燃烧	

木炭在空气中燃烧时，发出红光，没有火焰；木炭在氧气中剧烈燃烧时，发出白光。可见木炭在氧气中燃烧比在空气中燃烧更剧烈，都生成无色无味的气体——二氧化碳，这个反应的化学方程式：

$$C + O_2 \xlongequal{点燃} CO_2$$

（碳）（氧气）（二氧化碳）

硫在空气中燃烧时，发出淡蓝色火焰，放出热量，并生成一种有刺激性气味的气体。硫在氧气中燃烧时，发出明亮的蓝紫色火焰，放出大量的热，也生成一种有刺激性气味的气体。可见，硫在氧气中燃烧比在空气中燃烧更剧烈，放热也更多，生成的带有刺激性气味的气体均是二氧化硫（SO_2），这个反应的化学方程式：

$$S + O_2 \xlongequal{点燃} SO_2$$

（硫）（氧气）（二氧化硫）

在空气中加热铁丝时，铁丝红热，不能燃烧；但在氧气中点燃细铁丝可发生剧烈燃烧，火星四射。铁与氧气反应生成黑色的四氧化三铁（Fe_3O_4）固体。这个反应的化学方程式：

$$3Fe + 2O_2 \xlongequal{点燃} Fe_3O_4$$

（铁）（氧气）（四氧化三铁）

通过以上几个实验可以看出，可燃物在氧气中燃烧比在空气中燃烧剧烈。这说明氧气的化学性质比较活泼，同时也说明，物质在空气中燃烧，实际上是与其中的氧气发生反应，由于空气中的氧气含量相对较低，因此在空气中燃烧不如在氧气中燃烧剧烈。

思考

1. 分析实验 1、实验 2 和实验 3，填写下表。

实验编号	反应前的物质	反应后的物质	化学方程式
实验 1			
实验 2			
实验 3			

2. 上述三个反应的相同之处是什么？

氧气与碳、硫、铁的反应有一个共同特点：它们都是由两种物质发生反应，生成另一种物质。

化学上把**由两种或两种以上物质生成另一种物质的反应**，叫作**化合反应**。

这三个反应还有另一个共同特点：它们都是物质与氧气发生的反应。这类反应属于**氧化反应**。氧气在氧化反应中提供氧，它具有氧化性。

跟着灵析在中国一汽的参观中，我们看到了氧气在工业生产中的广泛应用，深刻认识到了氧气在工业生产中的重要性以及其性质对工业生产的影响，也意识到在工业生产中，必须正确使用氧气，确保安全，才能充分发挥氧气的作用，推动工业的发展。

通过这次旅行，我们对氧气有了更全面的认识，明白了氧气不仅是生命的守护者，也是工业发展的重要助力。

思维训练

通过这一部分的阅读和学习，请你对氧气参与的反应进行梳理和总结，并说一说氧气体现了什么性质。

第二章
二氧化碳——冰火交织的多面手

本章概述

嘿，伙伴们！又见面啦！

上一章，大家跟随灵析的脚步，揭开了空气和氧气的神秘面纱。而这一章，我们要迎接一个新的挑战，去探索一位既熟悉又陌生的朋友——二氧化碳！

图 2-1　国家速滑馆——“冰丝带”

你们知道吗？二氧化碳可是个隐藏的制冰高手！在北京的国家速滑馆里，它就能施展魔法，让冰面如丝般顺滑，让滑冰变得轻松又惬意。是不是觉得超酷？

然而，当我们走进甘肃敦煌的莫高窟，二氧化碳却成了这里的隐形“破坏者”，科学家们借助很多高科技的设备随时监测二氧化碳含量，以便随时控制莫高窟各个洞窟的游客数量。

图 2-2　莫高窟

对了，二氧化碳还是个勇敢的“灭火英雄”呢！《西游记》里的孙大圣当时如果知道二氧化碳的妙用，就不会在铁扇公主手下一次次地吃亏啦！

图 2-3　火焰山

好啦，接下来就让大家跟着灵析的旅行脚步，一起走进二氧化碳冰火交织的世界，去发现它的秘密吧！准备好了吗？我们的探险之旅又要开始啦！

第1节 此"冰"非寻常，制冰亦在行——生活中的二氧化碳初探

哇！终于来到祖国的首都——北京啦！真是令人向往的地方啊，这么多的名胜古迹真是让人目不暇接。对了，北京还是"双奥之城"，我可一定要去一些有名的体育场馆打卡留念呢！

到了，到了！这里就是北京冬奥会最有名的体育场馆，有着"冰丝带"之称的国家速滑馆。

场馆名片

国家速滑馆——"冰丝带"

"冰丝带"的外立面由 3360 块曲面玻璃单元拼装而成，每一块玻璃都有不同的弯曲弧度，幕墙外有 22 条高低盘旋、环绕飘舞的"冰丝带"，这些丝带象征着运动员高速滑动时所留下的一圈圈的轨迹，同时也与 2022 年北京冬奥会的举办年份形成呼应。

图 2-4　国家速滑馆的外观

图 2-5　国家速滑馆的冰面

走进"冰丝带"内部，首先映入眼帘的是目前**亚洲最大的冰面**，也是全球首个采用**二氧化碳跨临界直冷制冰**的冬奥会速滑冰场馆。采用二氧化碳制冰技术，冰面温差可控制在 0.5 ℃ 以内，温差越小，冰面越平整，硬度越均匀，越有利于滑行，有利于运动员创造出好成绩。因此，"冰丝带"一直希望打造冬奥会历史上"最快的冰"。

哦？二氧化碳？是我们呼吸时呼出的气体——二氧化碳吗？气体还能制冰？听起来好新奇啊！我们通过 AI 搜索一下吧！

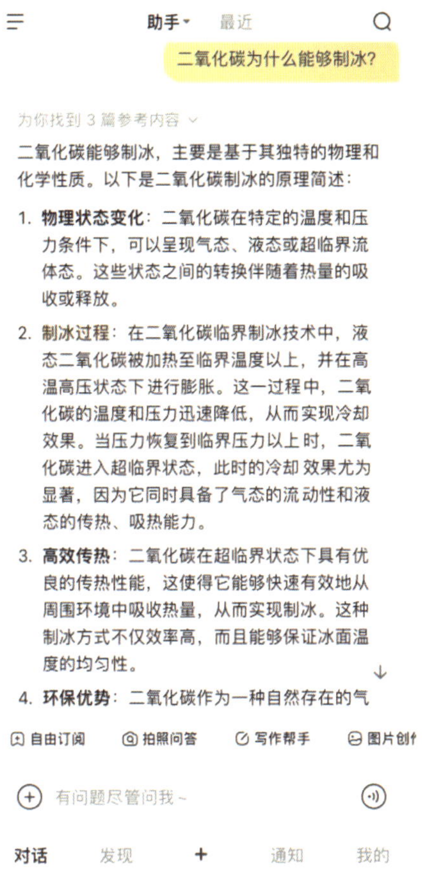

图 2-6　运用 AI 搜索学习知识

好深奥啊！看来我们得先来了解一下二氧化碳的性质呢。

小贴士

二氧化碳

二氧化碳（CO_2），常温常压下为**无色、无味**气体，固态二氧化碳俗称**干冰**。**密度大于空气**，**能溶于水**。

二氧化碳主要用于食品冷藏保鲜、作环保制冷剂和生产碳酸饮料等。

图 2-7　干冰

哦，原来二氧化碳之所以被称作“制冰能手”，是因为它具备独特的物理性质呢。

试一试

你能结合对二氧化碳物理性质的了解，举例说一说生活中二氧化碳的用途吗？

因为固态的二氧化碳在低温下易直接升华且具有升华过程中吸热的性质，生活中常用固态二氧化碳——干冰作制冷剂。比如，在“冰丝带”这样的需要快速降温或维持低温环境的场所，干冰可以作为制冷剂，吸收周围环境的热量，让周围温度降低。正是利用干冰的这种“魔法”，国家速滑馆里才能快速、高效地制作出完美无瑕的冰面，让运动员们在上面飞驰，留下一道道优美的轨迹。

不仅如此，干冰在我们的日常生活中还扮演着“超级英雄”的角色呢！夏日里大家最爱的冰激凌等冷冻食品，就是因为干冰提供的“冷却力量”为这些食物创造出了低温的环境，防止它们融化变质，保证它们从工厂到大家手中时都能保持最初的美味和新鲜。

确实如此！妈妈在网上购买的生鲜食品，送到家里时常会看到包裹里面是用干冰给食品降温保鲜的。对了，我们可以用这些干冰做一些非常有趣的家庭小实验呢，大家和灵析一起来尝试一下吧！

家庭小实验

实验用品：家庭用袋装干冰、热水、水、泡泡水（可用洗涤灵加白糖配制）、矿泉水瓶、玻璃器皿等。

注：做实验前要戴好橡胶手套和护目镜，用筷子夹取或用勺子取干冰，不要用手直接接触干冰。

实验名称：仙雾飘飘

实验步骤

操作	向玻璃碗中倒入热水	把一小块干冰加入到热水中
图示		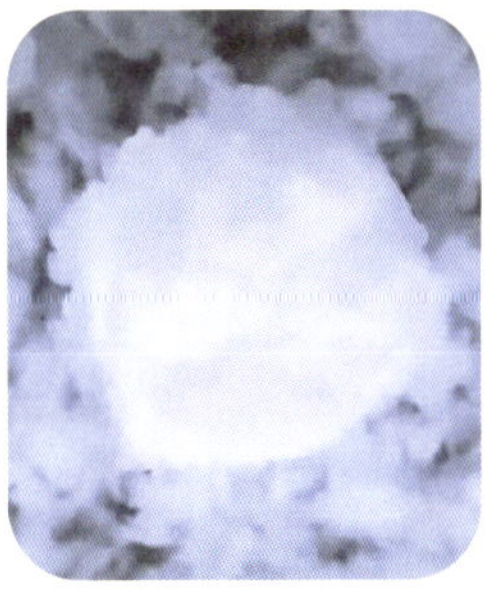
现象		

实验反思

上述实验中看到的白雾，是干冰升华变成的二氧化碳吗？说说你的想法。

实验名称：干冰泡泡龙

实验步骤

操作	向玻璃杯中倒入泡泡水	把一小块干冰加入泡泡水中
图示		
现象		

实验反思

请你查阅资料，解释产生上述现象的原理。

实验名称：变瘪的矿泉水瓶

实验步骤

操作	(1) 向一个矿泉水空瓶中加入一小块干冰，干冰消失后，迅速盖上瓶盖。 (2) 打开瓶盖，向其中加入约四分之一瓶的水。 (3) 迅速盖上瓶盖，充分振荡。
图示	
现象	

实验反思

请你结合二氧化碳的物理性质，解释产生上述现象的原因。

这几个家庭小实验真有趣！你知道吗，二氧化碳溶于水的过程中还有新的物质——碳酸（H_2CO_3）生成呢，可见这个过程不但有二氧化碳溶解于水的物理变化过程，还有化学变化的过程。人们在饮料生产中会添加二氧化碳制作碳酸饮料，赋予饮料气泡和酸味，为我们的生活增添了更丰富的味道。

那么二氧化碳的化学性质又有哪些呢？我们来继续探秘吧！

你知道吗？早在公元3世纪，我国西晋时期的张华在其所著的《博物志》中就有“烧白石作白灰，既讫……”的记载，其中“白石”即石灰石，“白灰”即氧化钙，这个过程中产生的气体，就是如今我们所知的二氧化碳。尽管当时并未明确其化学成分，但这一记载是二氧化碳最早的历史记录之一。

小贴士

二氧化碳的发现史

17世纪初，比利时化学家范·海尔蒙特在检测木炭燃烧和发酵过程的副产气时，首次科学地识别并描述了二氧化碳。他称其为“森林之精”，并注意到这种气体能够熄灭火焰。

1755年，英国化学家布拉克通过定量研究石灰石煅烧后重量减轻的现象，发现这是由于释放某种气体导致的。他进一步通过实验证实这种气体就是二氧化碳，并称之为“固定空气”。

1766 年，英国化学家、物理学家卡文迪什成功地收集到纯净的二氧化碳气体，并测定了它对空气的相对密度及在水中的溶解度。

1772 年，法国化学家拉瓦锡通过精确的实验测定了二氧化碳的化学组成，确认其由碳元素和氧元素组成，且计算出二者质量占比。

二氧化碳的发现和研究史是一个跨越多个世纪的科学探索过程。从古代的模糊感知到近代的科学发现和研究，人类对二氧化碳的认识和应用不断深入和拓展。如今，二氧化碳已成为化学、环境科学、气候变化研究等多个领域的重要研究对象。

随着化学学科的发展，人们对二氧化碳性质的认识也越来越深刻。二氧化碳不但具有上述的物理性质，还有着丰富的化学性质。

小贴士

二氧化碳的常见化学性质

二氧化碳**不可燃烧**，通常也**不支持燃烧**。

二氧化碳可以**与水**发生反应生成**碳酸（H_2CO_3）**，该反应是**可逆**的，碳酸不稳定，容易分解生成水和二氧化碳。

二氧化碳可以与**氢氧化钙【$Ca(OH)_2$】**发生反应，生成**碳酸钙（$CaCO_3$）**和水，这也是实验室**检验**二氧化碳的常用方法之一。

那么，接下来就让我们走进实验室，继续感受二氧化碳的化学性质吧！

走进化学实验室

实验名称：会变色的“石蕊花”

实验用品：用紫色石蕊溶液染成的紫色干燥纸花（4 朵）、稀醋酸、二氧化碳气体（2 集气瓶）、喷壶（盛有水）、吹风机、玻璃片等

实验步骤

操作	向第一朵石蕊花喷水	向第二朵石蕊花喷稀醋酸	将第三朵石蕊花放入盛满二氧化碳的集气瓶中	将第四朵石蕊花喷水后，再放入盛满二氧化碳的集气瓶中	将第四朵花取出，用吹风机吹干
图示					
现象					

资料卡片

石蕊

石蕊具有灵敏的变色特性，因此被广泛用作酸碱指示剂。在化学实验中，人们可以利用石蕊试纸或石蕊溶液来快速判断溶液的酸碱性。例如，**紫色石蕊试纸遇到酸性溶液时变红，遇到碱性溶液时变蓝**。

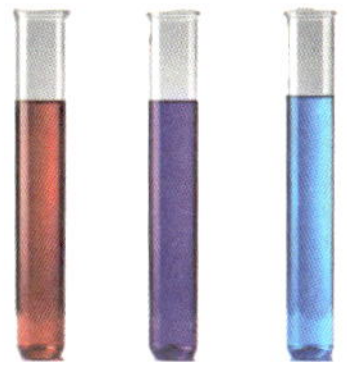

思考与交流

（1）为什么第一朵、第三朵石蕊花都没有变色？

（2）第二朵和第四朵石蕊花变色的原因是什么？

（3）吹风机吹干后，第四朵石蕊花又变回了紫色，这又说明了什么呢？

实验名称： 二氧化碳与澄清石灰水的反应

实验用品： 澄清石灰水［主要成分为氢氧化钙 $Ca(OH)_2$］、吸管、大试管等

实验步骤

操作	向大试管中倒入约 2 指宽的澄清石灰水，把吸管插入澄清石灰水中	用嘴通过吸管向石灰水中呼气（注意！不要吸吸管）
图示		
现象		

思考与交流

请你分析澄清石灰水变浑浊的原因。

思维训练

通过这一部分的阅读和学习，请你用思维导图的形式归纳、整理二氧化碳的性质。

“名字叫冰不是冰，却能用来制冰晶。”

二氧化碳真是一种奇妙又实用的气体！

但是，据说在有的地方，二氧化碳会化身为“隐形破坏者”，让人类非常警惕它的存在呢。

下一站，我们将奔赴河西走廊的西部尽头——甘肃省敦煌市，去莫高窟里观赏那集建筑、雕塑、壁画三者为一体的立体艺术瑰宝！

第2节 探秘莫高窟，寻找守护秘籍——人类与二氧化碳的“较量”

伙伴们，我们和灵析一起从北京出发，一路向西约 2300 km，将抵达历史悠久且充满神秘色彩的甘肃省敦煌市。

敦煌，这座位于河西走廊最西端的城市，以其独特的地理位置和丰富的文化遗产而闻名遐迩。在这里，我们将要探访举世闻名的莫高窟，并且要在这里探秘二氧化碳的踪迹，相信这一定是一次不可多得的深度体验哦。

图 2-8　莫高窟

到啦，到啦！经过漫长的旅程，我们总算到了莫高窟。哇！好雄伟啊！这里的壁画和彩塑可是全世界闻名哦，我们快进石窟里面看看吧！

等一等，大家先不要着急，参观莫高窟前我们先来了解一下莫高窟的概况。

景区名片

莫高窟

莫高窟的开凿从十六国时期至元代，前后延续 1000 多年，这在中国石窟中绝无仅有。它既是中国古代文明的一个璀璨的艺术宝库，也是古代丝绸之路上曾经发生过的不同文明之间对话和交流的重要见证。

莫高窟现存 735 个洞窟，内有壁画 45 000 m^2、彩塑 2000 多尊，是世界上现存规模最大、内容最丰富、保存最完好的佛教艺术宝库之一。

这里的壁画和彩塑艺术，跨越了十六国、北魏、西魏、北周、隋、唐、五代、宋、西夏、元等多个历史时期，展示了不同时代的艺术风格和宗教信仰，具有极高的历史、艺术和科学价值。

真是让人更加期待了呢！那么，要怎样才能进到莫高窟的石窟里面去参观呢？

伙伴们别着急，我们一起来看一看莫高窟的参观要求吧！

莫高窟的参观要求严格且详细，旨在保护这一珍贵的文化遗产并确保游客的参观体验。莫高窟严格控制游客数量，需要提前预约，每次只能由讲解员带着参观 8 个窟。参观过程中，游客尽量轻声慢步，严禁在洞窟内拍摄、刻画、涂写、触摸壁画及彩塑。

为什么要严格限制游客数量且不能拍摄呢？我们来进行 AI 搜索，了解一下其中的原因吧！

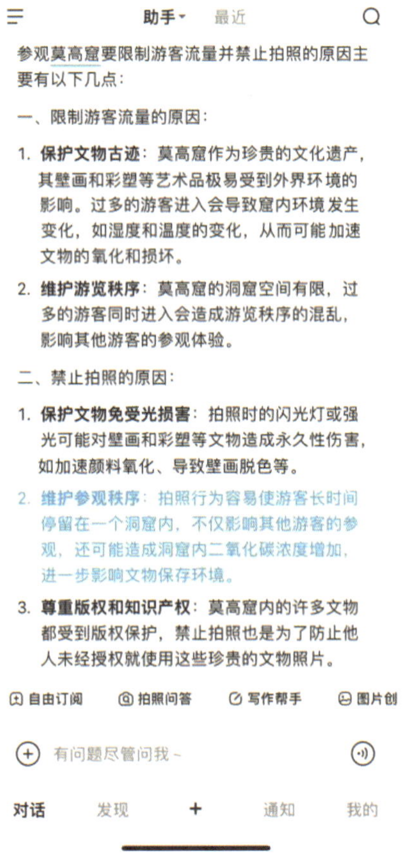

图 2-9　运用 AI 搜索学习知识

原来是它——二氧化碳！人作为碳基生物，每时每刻都在呼吸，呼出的二氧化碳竟然会对文物保存造成影响呢。这是什么原因呢？你能结合对二氧化碳的了解，谈谈你的认识吗？

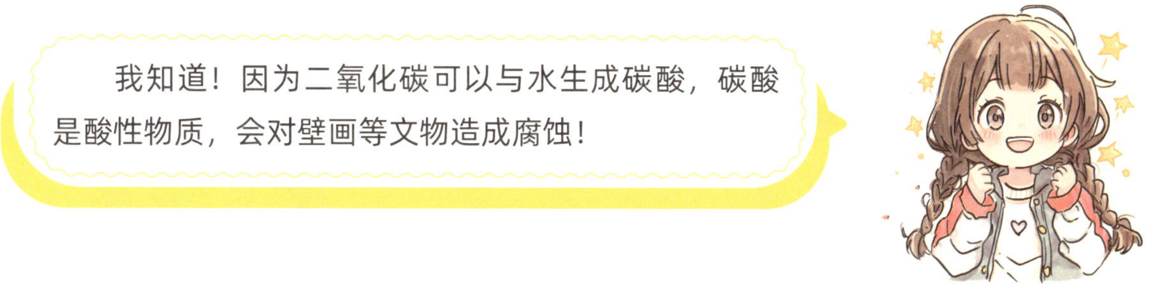

在博物馆、古迹遗址等场所，二氧化碳的主要来源是游客和工作人员的呼吸排放。随着游客数量的增加，二氧化碳浓度会显著上升，对文物造成潜在威胁。**二氧化碳与水蒸气结合会形成碳酸，这是一种弱酸。**长时间曝露在高浓度二氧化碳环境中的文物，会受到碳酸的腐蚀，导致文物表面受损，甚至内部结构发生变化。对于纸张、木材等含有纤维素的文物，二氧化碳形成的酸性环境会加速纤维素的降解，使文物发黄变脆，严重影响其保存质量。

图 2-10　游客在莫高窟洞窟内参观

为了有效保护文物，许多博物馆和古迹遗址都安装了二氧化碳传感器，实时监测室内二氧化碳浓度的变化。当浓度超过安全阈值时，系统会发出警告，以便管理人员及时采取措施进行调控。在二氧化碳浓度超标的情况下，通过启动通风系统可以实现室内空气的循环和新鲜化，有助于降低二氧化碳浓度，改善室内环境，从而保护文物免受损害。

图 2-11　莫高窟中的二氧化碳监测器、莫高窟监测中心显示屏

哦，这回理解啦！为了让更多的文物能够在几百甚至几千年后依然能留存下来，我们应该自觉遵守参观的规则。

那么接下来，就让我们一起做文明的游客，感受莫高窟的魅力吧！

文物名片

莫高窟壁画

莫高窟第 329 窟：西壁龛顶

时代：初唐（公元 618～712 年）

莫高窟第 257 窟：九色鹿本生 主室西壁

时代：北魏（公元 368 ～534 年）

图 2-12　莫高窟壁画

哇！进到每个洞窟都给人不一样的感觉哦！古人的艺术造诣如此之高，能够用五彩斑斓的天然颜料绘制出如此精美的壁画！我们看到了古老而神秘的佛传故事壁画，还有神秘又智慧的九色鹿！这次莫高窟之旅，不但让我们沉浸于视觉盛宴中，更是让我们对二氧化碳有了新的认识，真是不虚此行呢！

二氧化碳真是一个“多面手”，虽然它本身没有毒性，但是当空气中的二氧化碳超过正常含量时，会对人体健康产生影响。比如，当空气中二氧化碳的含量达到 3% 时，就会使人呼吸急促；达到 10% 时，则会使人丧失知觉、呼吸停止，以致死亡。因此，在人群密集的地方应该注意及时通风换气。

二氧化碳对自然环境也有着重要的影响。大气中的二氧化碳就像温室的玻璃一样，既能透光也能吸收地面散发的热量，使地球升温，这种现象叫作**温室效应**。正是因为有了温室效应，地球表面的温度才能适宜人类生存。我们知道，人和动植物的呼吸、化石燃料的燃烧等都会产生二氧化碳，而绿色植物等的**光合作用**吸收二氧化碳，释放氧气。整个自然界中存在着**碳循环**，使大气中的二氧化碳含量相对稳定。

近年来随着人类消耗的化石燃料急剧增加，排放到大气中的二氧化碳越来越多，能吸收二氧化碳的森林却因为人类的乱砍滥伐和天灾等因素不断减少，这就导致大气中的二氧化碳含量上升，温室效应加剧，全球变暖。

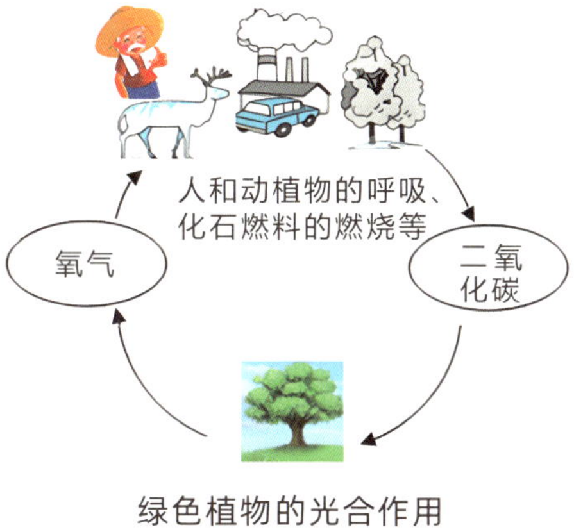

图 2-13　自然界中的碳循环示意图（部分）

思考

人类如何应对温室效应导致的全球变暖的现实呢？

图 2-14　冰川融化后的南极动物

相信大家都有了自己的想法，为了让我们赖以生存的地球更加美好，我们每个人都应该化身为环保小使者，从“我”做起，开启低碳生活。

人类与二氧化碳和平共处的同时，也存在着无时无刻的“较量”，只有充分了解其性质和特点，才能化“敌”为友。相信通过人类的智慧，一定能更加科学合理地利用二氧化碳。

你知道吗？在我们的日常生活中，也经常会出现二氧化碳的踪迹呢。你能举例说明吗？

下面我们来用家庭中常见的物品，通过化学的方法来制备出让我们又爱又恨的二氧化碳吧！

家庭小实验

实验名称： 火山熔岩灯

实验用品： 食用色素、食用植物油、水、小苏打、白醋、透明玻璃瓶、小电灯等

注：做实验前要戴好橡胶手套和护目镜

实验步骤

操作	向玻璃瓶中加入 2 大勺小苏打粉末，再加入适量植物油	向另一容器中倒入适量白醋，加入几滴食用色素搅拌均匀	把混有色素的白醋倒入玻璃瓶中，用小电灯从底部照射玻璃瓶
图示			
现象			

实验反思

1. 白醋加入食用植物油中，为什么下沉呢？

小贴士

醋酸和碳酸氢钠反应

白醋中的主要成分为水和**醋酸（CH_3COOH）**，小苏打的主要成分为**碳酸氢钠（$NaHCO_3$）**，二者可以发生化学反应，产生二氧化碳，反应的化学方程式：

$$CH_3COOH + NaHCO_3 = CH_3COONa + H_2O + CO_2\uparrow$$

2. 请你结合上述资料，分析加入白醋后，产生“火山熔岩”现象的原因。

3. 资料：生活中常用的维生素 C 泡腾片通常含有碳酸氢钠（$NaHCO_3$）和柠檬酸（$C_6H_8O_7$）这两种主要成分。

服用泡腾片时，把泡腾片加入水中，会产生大量气泡。你能解释其原因吗？这个现象又能给你对化学反应的认识带来什么启发呢？

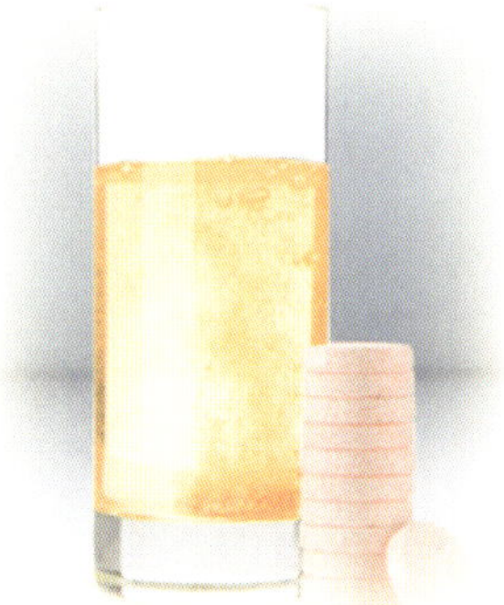

图 2-15　泡腾片在水中冒气泡

我们利用家庭中的常见物品可以快速制备二氧化碳气体，上述制备二氧化碳的反应，其实是化学中常见的**复分解反应**。

小贴士

复分解反应

复分解反应是化学中的一个基本反应类型，它指的是**两种化合物在溶液中通过互相交换成分，生成另外两种新的化合物的反应**。这种反应的**特点**是反应物和生成物都是化合物，且反应过程中各元素的化合价不会发生变化。

复分解反应发生的条件是必须有沉淀、气体或水生成。这是因为在这些情况下，反应能够向正方向进行，使得反应物和生成物之间的能量差异得以释放，从而形成稳定的产物。

例如，当氢氧化钠（NaOH）和盐酸（HCl）反应时，它们会交换成分生成氯化钠（NaCl）和水（H_2O），这就是一个典型的复分解反应，反应的化学方程式：$NaOH + HCl == NaCl + H_2O$。

伙伴们，你知道在实验室里是用什么样的化学方法来制备二氧化碳的吗？让我们继续走进实验室来探究一下吧！

走进化学实验室

实验名称：二氧化碳的实验室制取

实验用品：锥形瓶或平底烧瓶、长颈漏斗、带导管的橡胶塞、导管、集气瓶、玻璃片、石灰石或大理石（主要成分为碳酸钙）、稀盐酸

实验原理

石灰石或大理石中的主要成分碳酸钙与稀盐酸反应生成了二氧化碳、氯化钙和水，反应的化学方程式：$CaCO_3 + 2HCl \xlongequal{} CaCl_2 + CO_2\uparrow + H_2O$。

实验步骤

1. 根据装置图，连接好实验装置，并检查气密性。

2. 打开橡胶塞，将适量的大理石或石灰石放入锥形瓶或平底烧瓶中，塞紧橡胶塞。

3. 缓慢地向长颈漏斗中加入稀盐酸。注意控制加入速率，以免产生过多的气泡导致气体逸出。

图 2-16　实验室里制取二氧化碳的一种装置

思考与交流

1. 为什么用装置中所示的方法来收集二氧化碳？
2. 如何证明二氧化碳已经收集满？
3. 如何证明该实验制备的气体为二氧化碳？

思维训练

通过对这一部分内容的阅读和学习，并利用网络查阅更多的资料，请你分析并整理二氧化碳在生产、生活和实验室中是如何产生的。

结束了这次敦煌莫高窟之行，真是收获颇多啊，也让大家对二氧化碳的认识更加全面了。甘肃敦煌位于河西走廊的最西端，这里的气候干燥炎热，不禁让灵析联想到了另一处天然“火炉”——新疆吐鲁番火焰山。我们下一站就去那里，没准还能发现二氧化碳更多的妙用呢！

第3节 破铁扇之术，还清凉于山——再探“灭火英雄”二氧化碳

伙伴们，我们从敦煌出发，向西北约 800 公里，就到了夏季炎热的地方——新疆维吾尔自治区吐鲁番市高昌区的火焰山，这里可是吐鲁番盆地北缘的一处著名的自然景观呢。

哇哦！到了盛夏的火焰山，就像是跳进了一个超级大的烤箱里，太阳公公好像特别喜欢这里，把光和热都大方地洒了下来，让整个山头像被金色的火苗包围了一样！走在火焰山的小道上，脚下的沙子热乎乎的，四周的空气里弥漫着热浪，好像在告诉我们：“嘿，好朋友，欢迎来挑战我的热情！”在这么特别的地方，还有神话和传说等着我们去发现呢！

图 2-17 火焰山

是啊，一提起火焰山，我就想到了《西游记》中孙悟空三借芭蕉扇的故事呢！那个铁扇公主可没少给想要灭火的孙悟空出难题呢。如果当时孙悟空有灭火器，就能不费吹灰之力地破“铁扇之术”了，也就不用一次次地吃苦头了。

提起灭火，你知道生活中的灭火器都有哪些种类吗？你了解它们的灭火原理和使用方法吗？让我们通过 AI 搜索来了解一下灭火器吧！

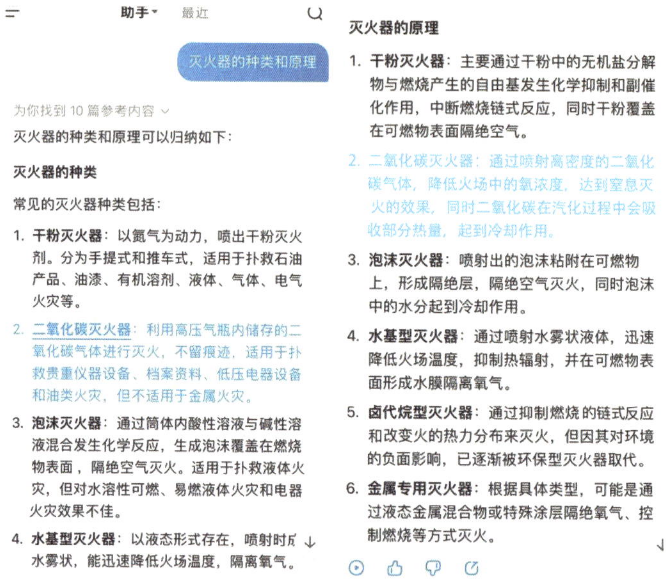
助手 最近

灭火器的种类和原理

为你找到 10 篇参考内容

灭火器的种类和原理可以归纳如下：

灭火器的种类

常见的灭火器种类包括：

1. **干粉灭火器**：以氮气为动力，喷出干粉灭火剂。分为手提式和推车式，适用于扑救石油产品、油漆、有机溶剂、液体、气体、电气火灾等。
2. 二氧化碳灭火器：利用高压气瓶内储存的二氧化碳气体进行灭火，不留痕迹，适用于扑救贵重仪器设备、档案资料、低压电器设备和油类火灾，但不适用于金属火灾。
3. **泡沫灭火器**：通过筒体内酸性溶液与碱性溶液混合发生化学反应，生成泡沫覆盖在燃烧物表面，隔绝空气灭火。适用于扑救液体火灾，但对水溶性可燃、易燃液体火灾和电器火灾效果不佳。
4. **水基型灭火器**：以液态形式存在，喷射时成水雾状，能迅速降低火场温度，隔离氧气。

灭火器的原理

1. **干粉灭火器**：主要通过干粉中的无机盐分解物与燃烧产生的自由基发生化学抑制和副催化作用，中断燃烧链式反应，同时干粉覆盖在可燃物表面隔绝空气。
2. 二氧化碳灭火器：通过喷射高密度的二氧化碳气体，降低火场中的氧浓度，达到窒息灭火的效果，同时二氧化碳在汽化过程中会吸收部分热量，起到冷却作用。
3. **泡沫灭火器**：喷射出的泡沫粘附在可燃物上，形成隔绝层，隔绝空气灭火，同时泡沫中的水分起到冷却作用。
4. **水基型灭火器**：通过喷射水雾状液体，迅速降低火场温度，抑制热辐射，并在可燃物表面形成水膜隔离氧气。
5. **卤代烷型灭火器**：通过抑制燃烧的链式反应和改变火的热力分布来灭火，但因其对环境的负面影响，已逐渐被环保型灭火器取代。
6. **金属专用灭火器**：根据具体类型，可能是通过液态金属混合物或特殊涂层隔绝氧气、控制燃烧等方式灭火。

图 2-18　运用 AI 搜索学习知识

原来灭火器也有这么多种啊！真是大开眼界！

等等，我又发现了它——二氧化碳，二氧化碳也可以制作成灭火器哦！真是意想不到呢，它既能制冰又能灭火，真是生活中的多面手啊！

想要解释二氧化碳为什么能够灭火，我们还是要先从可燃物燃烧的原因开始了解。结合前面的阅读，你能说一说燃烧需要满足的条件吗？

小贴士

燃烧及燃烧的条件

燃烧是一种同时伴有放热和发光的剧烈的化学反应，燃烧过程通常伴随着火焰的产生，这是由于可燃物在燃烧时释放出的气体在高温下与空气中的氧气发生反应，形成发光的等离子体区域，即我们看到的火焰。

燃烧的发生必须同时具备三个条件：**可燃物、氧气（或空气）和温度达到着火点**。只有这三个条件同时满足，燃烧才会发生。

燃烧在生活中有着广泛的应用，如用于烹饪、供暖、发电等。但同时，燃烧也可能带来危险，如火灾和爆炸等。因此，在使用火源和可燃物时，必须注意安全，防止火灾事故的发生。

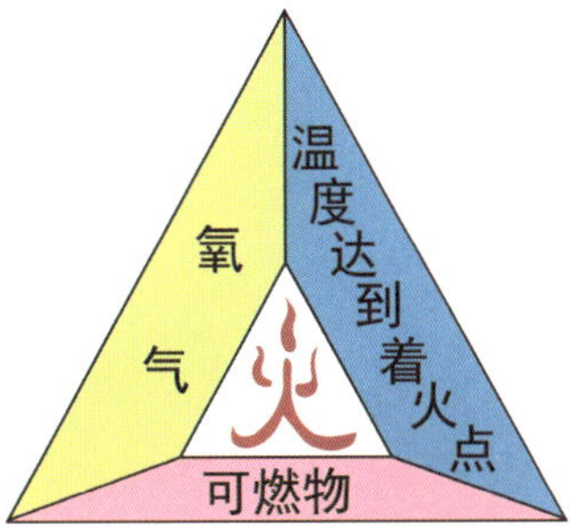

图 2-19　燃烧的三要素

我知道啦！既然燃烧的三要素是可燃物、氧气（或空气）和温度达到着火点，且三者缺一不可。那么如果想要灭火，破坏其中的一个条件就能够实现啦！

可以通过以下几个途径来实现灭火：

1. 清除可燃物或使可燃物与其他物品隔离；
2. 隔绝氧气（或空气）；
3. 降低温度到着火点以下。

思考与交流

下面是一些生活中的灭火措施，请你尝试分析其应用的原理。

1. 炒菜时油锅中的油不慎着火，可用锅盖盖灭或放入较多的蔬菜；

2. 堆放杂物的纸箱着火时，可用水浇灭；
3. 油罐着火时需用水喷淋，使罐体降温；
4. 遇森林火灾时，在森林中或森林与村庄之间设置防火隔离带。

图 2-20　生活中的灭火场景

看来灭火也要根据实际情况，选择合适的方法来实现。

再来看看我们的主角“二氧化碳”，它又是通过什么途径实现的灭火呢？让我们先做一个家庭小实验来感受一下二氧化碳灭火的神奇作用吧！

家庭小实验

实验名称： 二氧化碳的灭火原理

实验用品： 小苏打、白醋、玻璃杯或矿泉水瓶、阶梯状铁质蜡烛台、蜡烛、火柴等

注：做实验前要戴好橡胶手套和护目镜

实验步骤

操作	向一个玻璃杯中加入小苏打粉末，另一个玻璃杯中摆放好高低不同的点燃的两支蜡烛	向小苏打粉末中倒入白醋	把产生气体的玻璃杯中的气体缓缓倒入到蜡烛燃烧的玻璃杯中
图示			
现象			

实验反思

1. 小苏打与白醋产生的无色无味气体是什么？
2. 为什么下面的蜡烛先熄灭？
3. 这个过程利用了什么灭火原理？
4. 这个过程体现了该气体的哪些性质？

看来二氧化碳果然是灭火能手！在生活中我们用的灭火器里面装的都是二氧化碳吗？灭火器使用时的注意事项又有哪些呢？

资料卡片

二氧化碳灭火器

二氧化碳灭火器是一种高效、安全的灭火设备，适用于多种类型的火灾，它利用二氧化碳气体作为灭火介质，通过**隔绝氧气和降低火场温度**来扑灭火灾。

二氧化碳灭火器的**工作原理**主要基于两个方面：

1. 二氧化碳气体能够迅速降低火场中的氧气浓度，当氧气浓度降低到一定程度时，火焰将因缺氧而熄灭；

2. 二氧化碳气体在喷射过程中会吸收大量的热量，从而降低火场温度，有助于控制火势的蔓延。

图 2-21　CO_2 灭火器

二氧化碳灭火器适用于电器火灾、油类火灾、气体火灾、固体物质火灾等多种类型的火灾。对于金属火灾和某些特定情况下的带电火灾，二氧化碳灭火器不适用。

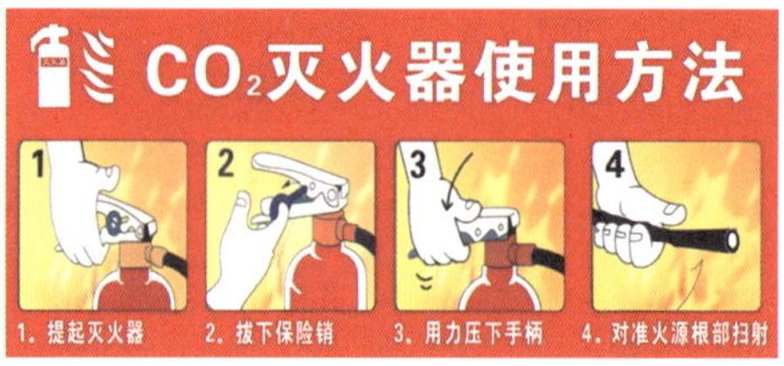

图 2-22　CO_2 灭火器的操作步骤

在使用二氧化碳灭火器时，需要按照正确的操作步骤进行，包括观察瓶身标识、确保灭火器无损坏、站在上风口位置、对准火源根部喷射等。同时，还需要注意灭火器的压力是否适合灭火以及保持足够的安全距离。

接下来让我们走进实验室，自己来尝试制作简易灭火器吧！

走进化学实验室

实验名称： 简易灭火器的制作

实验用品： 带支管的锥形瓶、橡胶塞、管口系绳的小试管、橡胶管、小木棍、盐酸、碳酸钠溶液

实验步骤

操作	图示
向带支管的锥形瓶中倒入约 30 mL 碳酸钠溶液	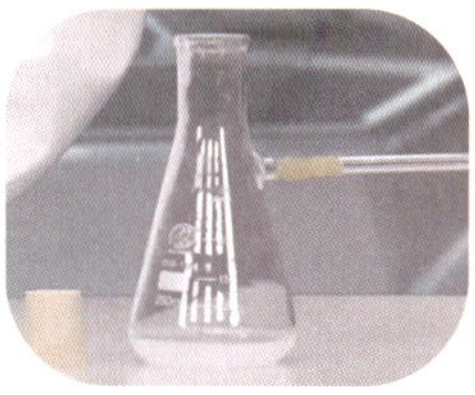
向小试管中加入少量盐酸，试管中插入小木棍，以固定小试管	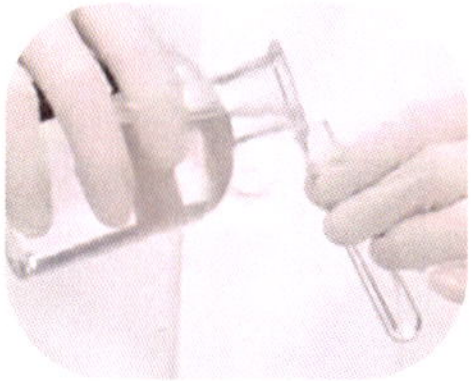
按照图示的装置组装好，塞紧橡胶塞	
倒置锥形瓶，观察现象	

思考与交流

图 2-23　简易灭火器装置图

1. 实验中，倒置锥形瓶的目的是什么？
2. 该装置使用时的注意事项是什么？
3. 可否利用家里的一些常见物品（可选择的物品有：矿泉水瓶、吸管、白醋、小苏打等），自制比较安全的灭火器呢？

请你设计出制作简易灭火器的实验步骤。

思维训练

选择下列项目，开展查阅资料、实地调查等活动，写出调研报告或设计方案。

1. 了解火灾时的自救方法。

2. 调查学校、商场、住宅等场所配备了哪种灭火器，查看使用说明，了解其使用方法和适用范围。

3. 根据自家住宅的特点，设计预防火灾、灭火、逃生和急救的预案。

4. 了解不同可燃物及不同场所发生火灾时的灭火方法。

伙伴们，我们一起了解了二氧化碳这个“冰火交织”的气体的性质，也感受到了物质性质的多面性。你一定和灵析一样，有着很大的收获吧！

接下来，我们的旅行目的地又是哪里呢？我们又将遇到哪些有意思的物质、看到哪些有趣的现象呢？让我们一起拭目以待吧！

第三章
水世界的奇妙之旅

本章概述

在前面的几次旅行中，我们认识了和生命息息相关的空气，也了解了多面手二氧化碳的“冰火交织的性格”。在接下来的旅行中，我们即将深度了解我们的生命之源——水。

我国地大物博，在旅行的路上，我们能够看到自然界中水的丰富多样的状态，相信大家在陶醉于美景之余，还能学习到很多关于水的知识。相信这次的“寻水”之旅一定会让人流连忘返。

图 3-1　壶口瀑布

这次旅行，灵析将会和大家一起去位于陕西和山西交界处的壶口瀑布，大家不但能亲身感受母亲河——黄河的波澜壮阔，也能了解黄河的去沙之道。

我们还会一起去南海之滨的三亚亚龙湾，在碧海蓝天之下感受大海的包容，了解人们如何将海水转化为生活用水。

图 3-2　美丽的亚龙湾

图 3-3　长江三峡

图 3-4　茶农采茶

在这之后，我们去湖北宜昌，欣赏长江三峡的壮美景色，你知道吗，三峡大坝是一个重要的水利工程，这里的水电站可是全国赫赫有名呢。

最后，我们还要去龙井茶之乡——美丽的浙江杭州，这里不但有西湖美景，还有中国名茶西湖龙井。大家在感受茶文化之余，体验好茶配好水的道理，了解如何选用合适的水来体现茶叶的最佳品质。

说了这么多，大家一定迫不及待了吧！快跟着灵析一起，开启水世界的奇妙之旅吧！

第1节　黄河滔滔，去沙之道——探秘母亲河的净化

嗨！大家一定都听说过“水是生命之源”这句话，作为中华儿女，我们离不开孕育我们的母亲河——黄河。大家跟灵析一起，去欣赏一下母亲河的波澜壮阔吧！

黄河发源于青藏高原，自西向东分别流经9个省（或自治区），最后流入渤海，是中国第二长河。

图3-5　黄河

哇！既然黄河那么长，那我们还是选择一处有名的黄河景点来参观一下吧！咱们到位于山西和陕西交界处的壶口瀑布游览一番吧！这里一定会给大家留下深刻而又难忘的印象！对了，给大家一个出行前的温馨提示：大家尽量不要穿浅色衣服去壶口瀑布哦！（原因一会儿揭晓）

看到了，看到了！哇！太壮观了！

图3-6　壮观的壶口瀑布

瀑布似黄龙出山一般，从峡顶砸下来，激起的水花如雨、如烟、如雾，轰隆隆的水流冲击声震耳欲聋，极为震撼。

沉浸在如此壮观的景象中，不知不觉间，黄河水迎面扑来。

黄河、黄河，果然是黄色的河啊！这场与母亲河的“亲密接触”，一定会让大家印象深刻。哦！我们看到的黄色，其实就是黄河水中携带的大量黄色泥沙。黄河中为什么会有这么多的泥沙呢？我们听听讲解员的介绍吧！

小贴士

黄河为什么会携带泥沙？

黄河携带泥沙，主要是因为它流经的黄土高原土壤疏松，土壤容易被雨水冲刷。加上那里降雨集中且强度大，植被又不够多，不能很好地保护土壤。同时，以前人们过度开垦、放牧等活动也破坏了地表，让植被变得很少，这就让泥土更容易被冲进河里。所以，黄河在流经这些区域时，就会带上很多泥沙，使黄河水变为黄颜色的。

图 3-7　黄河斗水，泥居其七

哦，原来是人与自然共同作用的结果，看来保护环境真是太重要了啊。不过，面对已经携带着这么多泥沙的黄河水，古人是怎么处理后再使用或者饮用的呢？我们先来通过 AI 搜索，了解一下古人的智慧吧！

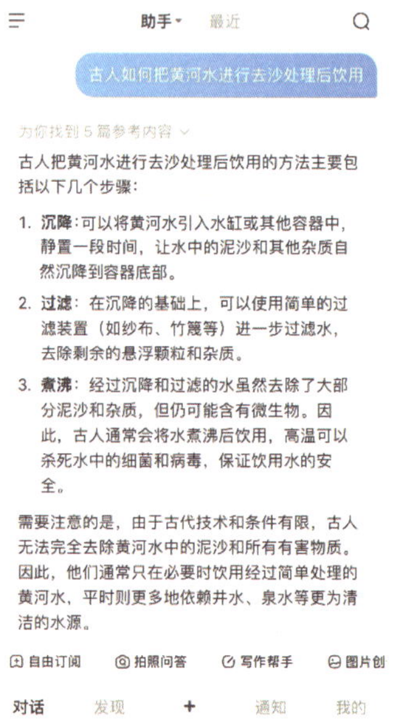

助手 最近

古人如何把黄河水进行去沙处理后饮用

为你找到 5 篇参考内容

古人把黄河水进行去沙处理后饮用的方法主要包括以下几个步骤：

1. **沉降**：可以将黄河水引入水缸或其他容器中，静置一段时间，让水中的泥沙和其他杂质自然沉降到容器底部。
2. **过滤**：在沉降的基础上，可以使用简单的过滤装置（如纱布、竹篾等）进一步过滤水，去除剩余的悬浮颗粒和杂质。
3. **煮沸**：经过沉降和过滤的水虽然去除了大部分泥沙和杂质，但仍可能含有微生物。因此，古人通常会将水煮沸后饮用，高温可以杀死水中的细菌和病毒，保证饮用水的安全。

需要注意的是，由于古代技术和条件有限，古人无法完全去除黄河水中的泥沙和所有有害物质。因此，他们通常只在必要时饮用经过简单处理的黄河水，平时则更多地依赖井水、泉水等更为清洁的水源。

自由订阅　拍照问答　写作帮手　图片创

对话　发现　+　通知　我的

图 3-8　运用 AI 搜索学习知识

原来如此！古人主要采用了以下几种方法来对黄河水进行净化处理：

1. 自然沉淀法

这是最简单、最原始的方法。古人会将黄河水放置于盛水器皿中静置一段时间，让水中的泥沙等大颗粒杂质在重力的作用下自然沉淀到底部。通过这种方法，可以**去除水中的大部分悬浮物**，使水质变得相对清澈。

2. 过滤净化法

古人利用身边的自然材料，如砂石、木炭、植物纤维等，制作简易的过滤器。他们将这些材料层层叠加，放入漉水囊中，让黄河水通过其中，以**去除水中的悬浮物、杂质和一部分微生物**。这种方法虽然效果有限，但在当时条件下已经是一种相对高效的净化方法。

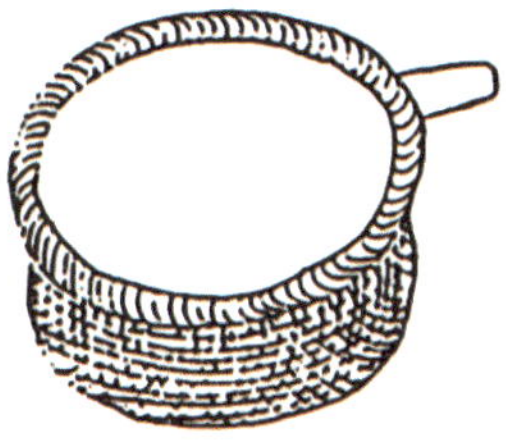

图 3-9 漉水囊

3. 加热煮沸法

加热煮沸是古代最常用的消毒方法之一。古人将黄河水煮沸后饮用，不仅可以**杀死水中的大部分细菌**，还能通过加热**使水中的一些挥发性有害物质挥发掉**。这种方法虽然简单，但非常有效，至今仍被使用。

需要注意的是，由于古代技术条件有限，这些方法虽然能在一定程度上改善黄河水的水质，但并不能完全保证水的安全性。在现代社会，我们拥有更先进的净水技术和设备，可以更加有效地去除水中的有害物质和微生物，保障人们的饮水安全。

图 3-10 古人煮水杀菌

接下来，我们就尝试利用家里的简单物品，仿照古人的办法，实现对泥沙水的净化处理吧！

家庭小实验

实验名称： 自制净水器

实验用品： 饮料瓶或矿泉水瓶一个、塑料管或吸管一根、小卵石、石英砂或细沙、活性炭、纱布、蓬松棉、剪刀、钻子或打孔器、橡胶塞或木塞、泥水等

注：做实验前要戴好橡胶手套和护目镜

实验步骤

1. 将塑料瓶从三分之二处剪开，倒置，瓶口作为过滤器的出水口。

2. 依次放入蓬松棉、活性炭、石英砂（细沙）、小卵石，每层之间放入一层纱布。

3. 将浑浊的泥水缓慢倒入过滤器中，观察流出的水是否变清澈。

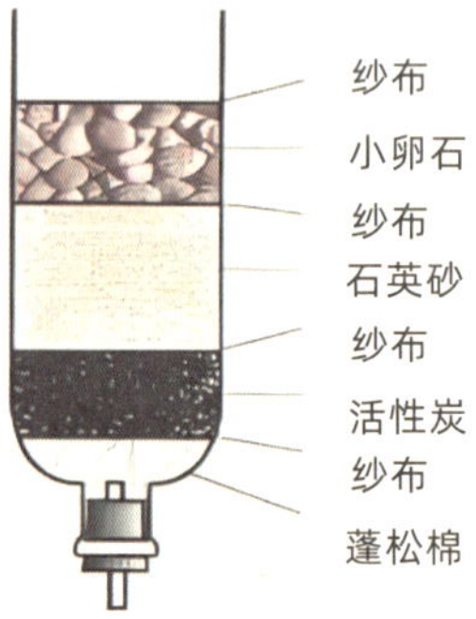

图 3-11　自制净水器的组装示意图

实验反思

1. 为什么要按照如上图所示的顺序加入物品来组装净水器？可否改变加入这些物品的顺序呢？说说你的想法。

2. 为了增强净水效果，在组装净水器时的注意事项是什么？说说你的建议。

3. 浑浊的泥水经过该净水器净化后，是否可以直接饮用？说说你的看法。

太神奇啦！刚才浑浊的泥水，现在变澄清了。这个过程是怎么实现的呢？谁又是这个实验中的关键“角色”呢？让我们一起来了解一下这个过程中蕴含的实验原理吧！

你知道吗？这背后的奥秘，其实就蕴含在我们精心挑选的几层过滤材料中。

想象一下，那些小卵石、石英砂（细沙）以及活性炭，它们各司其职，仿佛是水中的“净化使者”。水在流经它们时，就像经历了一场奇妙的旅程。每一层材料都像是一道关卡，阻挡并吸附着水中的杂质，让水逐渐变得纯净。

这个过程，我们称之为“过滤”。它就像是大自然的筛选机制，将水中不需要的成分分离出去，留下我们所需的清澈水源。这个过程的原理与农民用筛子选种、生活中用过滤网滤去药渣或茶叶的原理是一样的。

图 3-12　生活中的几种过滤现象

生活中涉及过滤的例子还有很多，那么你知道在化学实验室里，进行过滤需要用到的实验仪器和物品有哪些吗？让我们一起来了解一下过滤的化学“装备”吧！

走进化学实验室

实验名称：过滤

1. 过滤实验常用的仪器和物品

漏斗：用于支撑滤纸并引导液体通过	烧杯：通常具有较大的容积和宽口设计。在过滤过程中，烧杯用于接收过滤后的液体	玻璃棒：在过滤过程中，**玻璃棒用于引流**，即引导待过滤的液体沿着玻璃棒流入漏斗中，防止液体溅出或冲破滤纸
		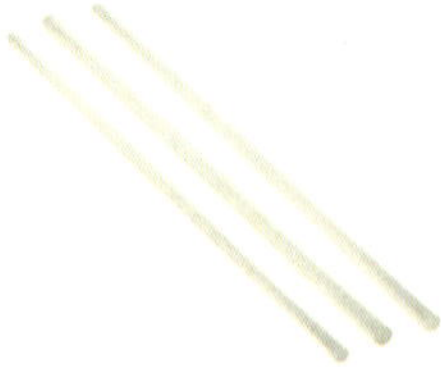

滤纸：作为过滤介质，滤纸具有多孔结构，允许液体通过而截留固体颗粒	铁架台：用于支撑漏斗和烧杯，确保过滤装置稳定。铁夹和铁圈的高度和角度可以调节，以适应不同实验的需求
	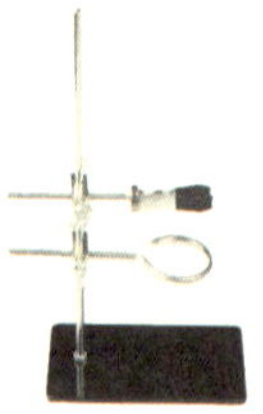

2. 过滤器的准备

操作	取一张圆形滤纸，对折一次，使其成为半圆形；再次对折，形成扇形。将折好的滤纸打开，此时滤纸一边为一层，另一边为三层。放入大小合适的漏斗中（滤纸边缘低于漏斗口），使之紧贴漏斗内壁。用少量蒸馏水润湿滤纸，并使滤纸与漏斗壁之间没有气泡
图示	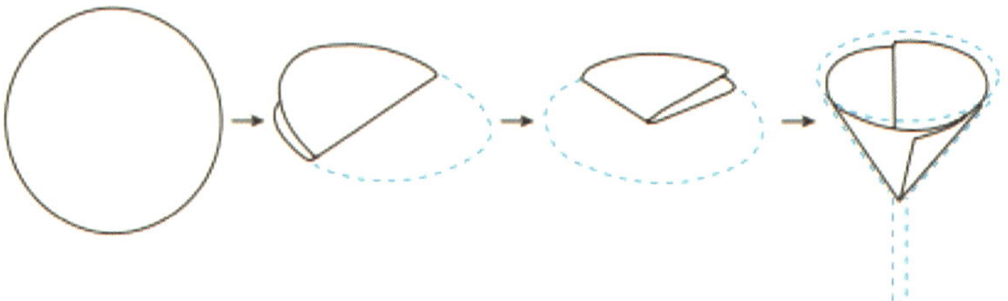

3. 泥沙水的过滤实验

实验用品： 泥沙水、漏斗、烧杯、玻璃棒、铁架台（含铁圈）、圆形滤纸等

实验前检查： 确保所有仪器和材料干净、无损，特别是滤纸要完整无破损

实验步骤

<table>
<tr><th>实验步骤</th><th>操作示意图</th></tr>
<tr><td>(1) 组装过滤装置：将漏斗放在铁架台上，使漏斗下端管口紧靠烧杯内壁。
(2) 折叠滤纸：取一张圆形滤纸，按照“一折、二折、三开”的方法折叠好，放入漏斗中。
(3) 湿润滤纸：用少量蒸馏水润湿滤纸，使其更好地贴合漏斗内壁，确保滤纸与漏斗内壁紧密贴合，无气泡。
(4) 加入泥沙水：将泥沙和水混合均匀后，使用玻璃棒引流，缓慢倒入漏斗中。
(5) 收集滤液：滤液通过漏斗管流入烧杯中，注意观察滤液是否清澈。</td><td>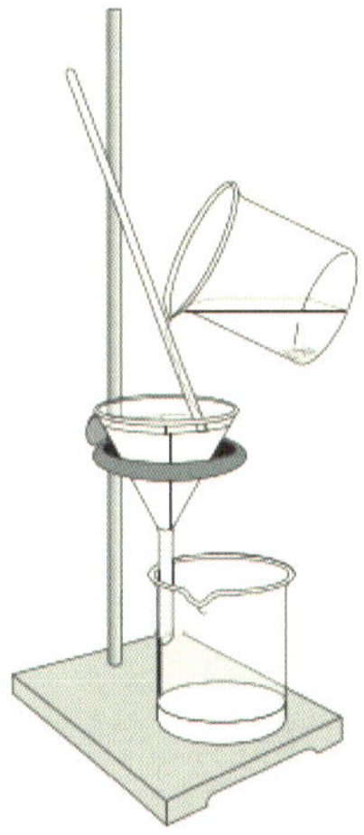
3-13　过滤操作示意图</td></tr>
<tr><td colspan="2">实验记录（记录实验过程中滤纸的状态、滤液的颜色和清澈度。注意观察滤纸与漏斗之间是否有气泡，或滤纸是否破损等。）</td></tr>
<tr><td colspan="2"></td></tr>
</table>

思考与交流

（1）为什么滤纸能够将泥沙和水分离？

（2）如果滤纸破损或泥沙水液面高于滤纸边缘，会出现什么现象？

（3）如果过滤过程中，发现滤纸与漏斗间有气泡，对实验会有影响吗？应该怎么处理？

思维训练

1. 在自然环境中，有哪些生物或自然现象具有类似的“过滤”功能？它们是如何工作的？

2. 有人认为混有泥沙的河水经过滤后就一定安全无害，你认为这个观点正确吗？为什么？

哇！过滤实验中简单的一张滤纸就可以让泥沙水变澄清，真是太神奇了！

通过这一次的探秘母亲河之旅，大家不但领略了黄河的波澜壮阔，也见证了泥沙水从浑浊到清澈的神奇转变。

相信这次探索一定也让大家感受到了保护环境的重要性。黄河的泥沙问题，与我们每一个人的生活都息息相关。只有每个人都从自身做起，爱护环境、节约资源，才能让黄河永续流淌，成为我们永远的母亲河。

了解了母亲河的去沙之道，接下来我们去感受碧海蓝天，看看人们又是怎么利用海水供给生活用水的。三亚——我们来啦！

第2节 碧海甘霖，智慧之旅——解锁海水淡化秘籍

嗨！各位喜爱探索的小伙伴，你们准备好了吗？我们这次旅行的目的地是许多人梦寐以求的度假天堂——海南，在这里，你能看到蔚蓝的天空与海面相接，金色的沙滩在阳光下闪耀，椰影婆娑，海浪翻腾。

哇！好期待啊！大家快和我一起整理好行囊，让我们奔赴享有“天下第一湾”美誉的海南三亚亚龙湾吧！

图 3-14 美丽的三亚海景

好美啊！真是比想象的还要棒！踏上亚龙湾的细软沙滩，脚下的沙粒温暖而细腻，仿佛是大自然最温柔的迎接。海浪轻轻拍打着岸边，带来一阵阵清新的海风和淡淡的咸味。远处，海天一色，碧波万顷，让人心旷神怡。

我要拥抱大海，体验一下深海潜水，让我们一起到海底探索其中的神秘世界吧！

温馨提示：请大家注意，潜水的过程一定要在专业教练的指导下进行！

穿戴好潜水装备，调整好呼吸节奏，按照教练的指导，用嘴吸气、用鼻呼气。开始缓缓下潜啦！

哇！眼前的世界逐渐变得五彩斑斓。珊瑚礁像一座座绚丽的宫殿，各色热带鱼穿梭其间，仿佛正在列队欢迎海底的探访者们。真是梦幻般的景象啊！

3-15　潜水

正要继续下潜，想更近距离地观察海底的生灵。突然，一股强烈的海流袭来，灵析的身体不由自主地随着海流摆动。她努力稳住身形，却不小心呛水了，海水从鼻腔进入口腔。

浓重的海水咸味和难以名状的苦涩，瞬间充斥了口腔和喉咙。灵析赶紧用教练刚才教给她的手势示意教练她遇到了麻烦。教练见状，立刻游过来，稳稳地抓住了她的手臂，带着她缓缓上升。

“咳！咳！咳！这海水真是苦涩难耐啊！”这一次的潜水经历真是让人难以忘记。看来真是像书里说的那样，海水是不能直接供给人类饮用的。

除了味道难以接受以外，海水不能直接饮用有没有其他原因呢？我们再来借助 AI 搜索，全面了解一下吧！

原来，海水的成分不仅有我们都知道的水和食盐（**成分：氯化钠**），还有镁、钾、钙等多种可溶解的物质和元素，当然海水中也可能含有细菌和病毒等。这些物质的存在，导致人一旦饮用了海水，会出现很多不适症状，所以海水是不能直接饮用的。

真是没想到，大海中除了有这么多的海底动物和植物以外，看似普通的海水中竟然还存在着这么多的物质。看来，海水真的是一个资源丰富的大宝库啊！

我们再来深入了解一下海水中蕴含的化学资源吧！

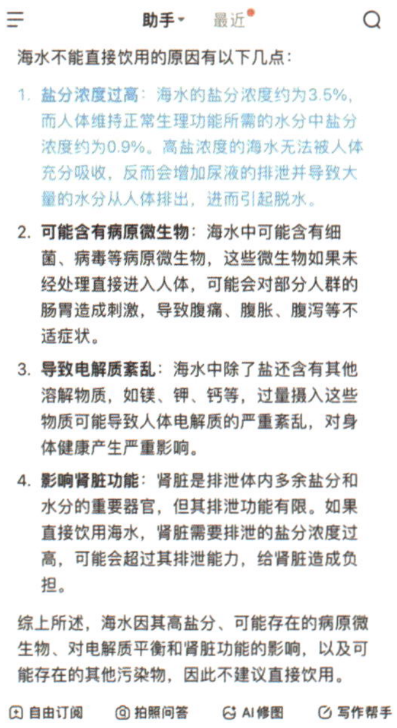
助手　最近

海水不能直接饮用的原因有以下几点：

1. **盐分浓度过高**：海水的盐分浓度约为3.5%，而人体维持正常生理功能所需的水分中盐分浓度约为0.9%。高盐浓度的海水无法被人体充分吸收，反而会增加尿液的排泄并导致大量的水分从人体排出，进而引起脱水。
2. **可能含有病原微生物**：海水中可能含有细菌、病毒等病原微生物，这些微生物如果未经处理直接进入人体，可能会对部分人群的肠胃造成刺激，导致腹痛、腹胀、腹泻等不适症状。
3. **导致电解质紊乱**：海水中除了盐还含有其他溶解物质，如镁、钾、钙等，过量摄入这些物质可能导致人体电解质的严重紊乱，对身体健康产生严重影响。
4. **影响肾脏功能**：肾脏是排泄体内多余盐分和水分的重要器官，但其排泄功能有限。如果直接饮用海水，肾脏需要排泄的盐分浓度过高，可能会超过其排泄能力，给肾脏造成负担。

综上所述，海水因其高盐分、可能存在的病原微生物、对电解质平衡和肾脏功能的影响，以及可能存在的其他污染物，因此不建议直接饮用。

自由订阅　拍照问答　AI修图　写作帮手

图 3-16　运用 AI 搜索学习知识

资料卡片

海水——化学资源的宝库

海水是各种化学资源的大宝库。海水中含有**80 多种元素**，这些元素以不同的形式存在于海水中，包括溶解的离子、分子、络合物等。其中，**氯、钠、镁、钾、硫、钙、溴、碳、锶、硼和氟**等元素的含量尤为丰富，占海水溶解物质总量的绝大部分。海水中的化学资源种类包括：海盐资源、溴资源、钾资源、镁资源等。海水中还含有碘、铀、钍等稀有元素，这些元素在核能、医药等领域有重要应用。此外，海水中的碳酸盐、硅酸盐等也是重要的化工原料。

图 3-17　资源丰富的海洋

尽管海水中化学资源丰富，但其开发和利用仍面临诸多挑战。例如，海水中的化学元素含量虽然丰富，但浓度较低，提取成本较高；同时，海水化学资源的开发还可能对海洋环境造成一定影响。因此，在开发和利用海水中的化学资源时，需要充分考虑经济、环境和技术的可行性。

海水真是一个巨大的化学资源宝库啊！可惜海水不能作为动物和人类的直接饮用水。

现在的技术已经很发达了，拧开自来水龙头就有淡水可以使用。那么，古时候生活在海边的人，又是怎么解决饮用水这个问题的呢？我们来一起寻找答案吧！

中国人从古至今都是非常有智慧的。你知道吗？居住在海边的古人们，可是有很多种办法来获取饮用的淡水的。

在沿海地区，雨水是古人生活用淡水的重要来源之一。古人会在雨季时收集雨水，储存在陶罐、木桶等容器中，以备使用。沿海地区往往也有河流、小溪等自然水源，这些水源中的淡水可以直接取用。古人会在这些水源附近定居，并建造水井、水渠等设施，便于取水。

图 3-18　古人集雨储水

清代李增阶写的《外海纪要》记载了变海水为淡水的方法："汲海水置锅内，上架酒甑，如造酒法，炽火煮之，则水气升腾，甑内侧孔流出，即成淡水，可食矣。"翻译成白话文就是："把海水舀进锅里，然后在锅上架上酒甑（一种蒸馏器具），像酿酒那样，用大火猛煮。这样，水汽就会蒸腾上升，从甑内侧的孔中流出，流出来的水就变成了淡水，可以饮用了。"这种方法类似于现代的**蒸馏法**。

海水淡化用蒸馏法？这是一种什么样的方法呢？听起来似乎还挺深奥的呢！

我们先一起来利用家里的常见物品，体验一下蒸馏的原理吧！

家庭小实验

实验名称：浓茶变清水——体验蒸馏原理

实验用品：燃气灶、不锈钢锅（带盖）、玻璃碗、圆形烘焙架、浓茶水、冰块等

注：做实验前要戴好橡胶手套和护目镜

实验步骤

操作	图示	原理
准备：将不锈钢锅清洗干净，并装大约一半的浓茶水。在锅中放入圆形烘焙架，上面放置一个玻璃碗，确保玻璃碗不要与锅内的茶水接触		
加热与冷凝：将锅盖倒扣在锅上，确保密封良好。将锅放在炉子上加热，直到茶水开始沸腾一段时间，停止加热。在锅盖上放少量冰，以制造冷凝效果		
收集：将锅从炉子上移开，用毛巾擦去锅盖上融化的冰水。打开锅盖，小心地将玻璃碗从锅中取出，注意不要烫伤自己		

思考与交流

1. 玻璃碗里的液体是从哪里来的？它是什么颜色的？和锅里的浓茶水有什么不同？

2. 当水蒸气遇到冰块或冷的锅盖时，会发生什么样的变化？你能描述一下这个过程吗？

3. 通过这个家庭小实验，你能理解什么是蒸馏吗？你觉得蒸馏在生活中有哪些应用？可以举几个例子吗？

小贴士

蒸馏

蒸馏是一种**物质分离的方法**，它基于**液体混合物中各组分沸点**的不同来实现组分分离。在蒸馏过程中，混合物被加热，**低沸点**的组分首先**蒸发成蒸气**，随后这些蒸气在**冷凝器**中冷却并**凝结成液态**，从而**与高沸点组分分离**。

这种分离方法广泛应用于化学、化工、制药和食品等行业，用于分离和提纯物质。例如，在化学工业中，蒸馏常用于从石油中分离出汽油、柴油等不同的燃料；在制药行业，蒸馏则用于提取和纯化药物的有效成分。

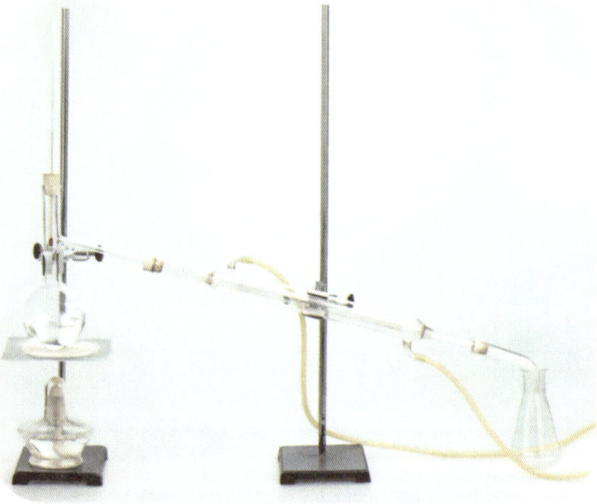

图 3-19　蒸馏装置图

原来所谓的蒸馏水，就是通过蒸馏的方法得到的纯净水啊！刚才的家庭小实验真是简单易懂，其实生活中还有很多随时都会出现的蒸馏现象呢！一杯热茶盖上茶杯盖子，一会儿再打开，就能看到杯盖内部有凝结的水珠了。和这个小实验是异曲同工呢！

类比运用蒸馏的方法可以把茶水中的水分离出来，就能很容易理解用蒸馏的方法从海水中获取淡水的原理了。

接下来让我们走进化学实验室，感受一下利用化学仪器模拟海水淡化的过程吧！

走进化学实验室

实验名称： 由自来水制备蒸馏水

实验用品： 自来水、沸石（或碎瓷片）、酒精灯、圆底烧瓶、烧杯、试管、导管若干（带橡胶管）、铁架台（带铁圈）、升降台、陶土网、小木块等

实验步骤

1. 检查装置的气密性：把右侧导管口插入烧杯的水面下，用手或热毛巾捂热圆底烧瓶，看到导管口有连续气泡冒出，松手冷却后，导管内有水柱上升，且水柱高度较长时间不变。

2. 打开圆底烧瓶的橡胶塞，向圆底烧瓶中加入自来水，再加入几粒沸石（或碎瓷片），塞紧橡胶塞。按照图示组装好仪器。

3. 点燃酒精灯，待圆底烧瓶底部均匀受热后，持续加热圆底烧瓶底部，控制好温度，注意不要使液体沸腾得太剧烈，以防液体通过导管直接流到试管里。

4. 弃去开始馏出的部分液体，收集约 10 mL 蒸馏水后，停止加热。

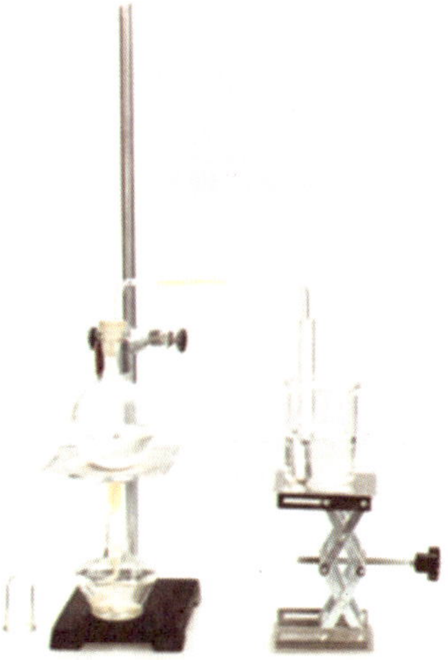

思考与交流

1. 实验前要检查圆底烧瓶与橡胶塞，保证装置的气密性，你能说说其中的原理吗？

2. 向自来水中加入沸石（或碎瓷片）的目的是防止暴沸，请你通过查阅资料解释其原因。

3. 为什么实验过程中，要弃去开始馏出的部分液体后，再收集蒸馏水？

图 3-20　沸石

你知道吗？生活中，酒的制作也需要用到蒸馏的技术。蒸馏酒是在发酵酒的基础上，利用蒸馏技术提高酒精浓度而制成的。从古至今，我国酿造蒸馏酒——白酒的工艺就一直在世界上闻名。

白酒以高粱、小麦、玉米等粮食为原料，经过蒸煮、糖化、发酵、蒸馏、陈酿等步骤制成。蒸馏是白酒制作过程中的关键步骤之一，通过蒸馏可以提取出酒中的酒精和香味成分，使白酒具有独特的风味和香气，为人们的生活增添更多的色彩和乐趣。

图 3-21　古法酿酒——白酒

当然了，大家切记：未成年人不可以吸烟、饮酒，也不可以购买烟酒类商品哦！

有了蒸馏技术，那么海边的人们就不用担心没有淡水使用了！不过，蒸馏的方法，离不开持续的加热，这样会不会对能源的需求量太大了啊？

确实是这样，运用蒸馏法进行海水淡化虽然具有原料来源广、淡化水纯度高、生产规模大、技术成熟、设备简单、对水质要求低等优点。但同时，也存在能耗较大、结垢严重、腐蚀设备、影响生态以及操作成本高等缺点。

看来还是要研究一些低成本的、便捷的海水淡化的方法啊！

我们一起来了解一下目前国内常用的比较先进的海水淡化方法吧！

反渗透法是目前应用最广泛的海水淡化技术。它利用半透膜在压力作用下过滤海水，只允许水分子通过，而盐分和其他杂质则被截留。这种方法具有能耗相对较低、操作简便的优点，但需要对海水进行高质量的预处理，以保护膜的完整性和性能。

电渗析法是一种使用电场驱动的海水淡化技术。它通过电渗析膜分离海水中的阴阳离子，从而实现淡水和盐水的分离。这种方法可以连续运行，能耗相对较低，但需要定期清洗和更换膜，维护成本较高。

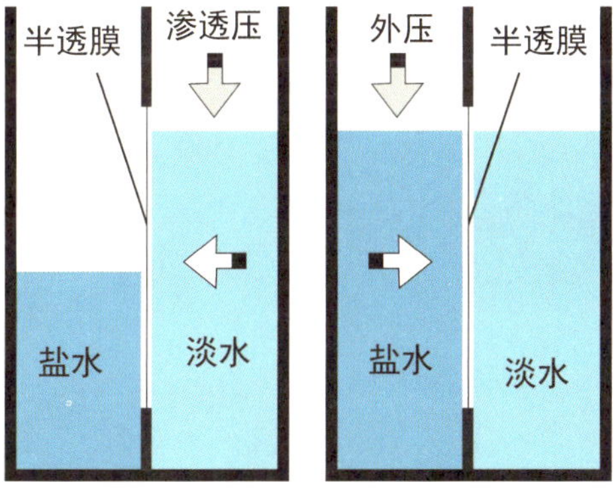

图 3-22　反渗透法原理示意图

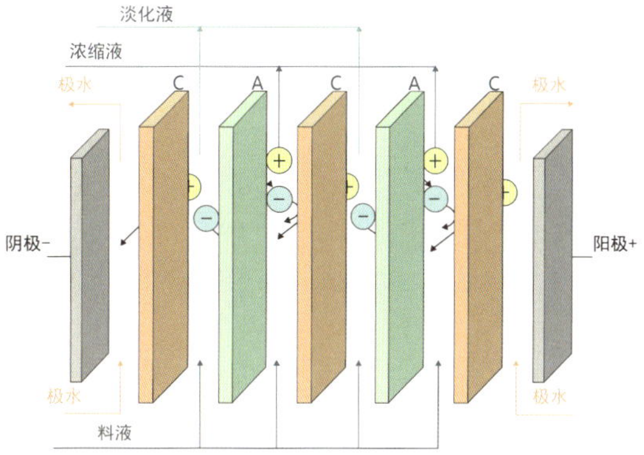

图 3-23　电渗析海水淡化过程原理图

在选择海水淡化方法时，需要综合考虑各种因素，选择最适合当地实际情况的方法。随着技术的不断进步和成本的降低，未来海水淡化将迎来更加广阔的发展前景。

思维训练

有人认为海水淡化的过程会破坏海洋生态，你如何看待这一观点？

在美丽的亚龙湾经历了难忘的潜水运动，探索了海水这个化学资源的宝库后，我们不仅领略了海洋的浩瀚与美丽，更深入了解了海水淡化的奥秘与挑战。从传承着古人智慧的蒸馏法，到现代先进的反渗透、电渗析技术，每一步都凝聚着人类对自然资源的探索与利用。

然而，海水淡化的过程并非对海洋毫无影响，如何在满足人类需求的同时，保护海洋生态，是我们需要共同思考的问题。

每年的 6 月 8 日是“世界海洋日”，让我们一起做到：保护海洋生态系统，促进人与自然和谐共生！你也试着设计一份“世界海洋日”宣传海报吧！

图 3-24 “世界海洋日”宣传海报

伙伴们，让我们继续进行我们的探索之旅吧！接下来，灵析将和大家前往湖北宜昌，去亲眼见证那壮丽的长江三峡大坝。

长江三峡大坝不仅是中国的一张名片，更是世界水利工程的奇迹。在那里，我们不但能领略到大自然的鬼斧神工，感受长江的浩荡与壮美，还能对水蕴含的绿色动力一探究竟！让我们一同去探寻长江三峡大坝吧！

第3节 水能载舟，亦能发电——水蕴含的绿色动力

早发白帝城

【唐】李白

朝辞白帝彩云间，千里江陵一日还。
两岸猿声啼不住，轻舟已过万重山。

图 3-25 早发白帝城

这首诗我们从小就学过，一直好期待有机会能够像大诗人李白一样体验一下“轻舟已过万重山”的感觉呢！

伙伴们，欢迎继续我们的水世界奇妙之旅，我们乘坐的游轮从重庆出发，一路经过万州、瞿塘峡、小三峡、巫峡，即将到达三峡大坝，即抵达湖北宜昌。

图 3-26 游轮渡长江

城市的喧嚣逐渐远去，取而代之的是愈发清幽的江水和连绵不断的青山。江面时而开阔，时而狭窄，如同一条碧绿的绸带在群山间蜿蜒穿梭。随着游轮的前行，我们仿佛被带入了一个全新的世界，一个只属于自然与宁静的世界。

哇！到啦！我们终于到达三峡大坝了！

你知道吗？三峡大坝，这个被誉为“世界之最”的水利工程，不仅是中国的骄傲，更是全人类智慧与勇气的结晶。随着游轮缓缓靠近，三峡大坝的雄伟身姿逐渐展现在众人眼前。大坝高耸入云，气势磅礴，宛如一道横亘在长江上的长城，让人不禁感叹人类力量的伟大。

三峡大坝的建设可是一个了不起的壮举！人们都说它成为中国的一张亮丽名片，吸引了无数国内外游客前来参观呢。我们一起来听听导游对三峡大坝的介绍吧！

景区名片

三峡大坝

三峡大坝，坐落于湖北省宜昌市夷陵区，是举世闻名的水利工程奇迹。这座始建于 1994 年的巨型建筑，不仅是**三峡水电站**的核心，更集**防洪、发电、航运及水资源利用**等多重功能于一身。

大坝全长达 2335 m，最大坝高 181 m，宛如一道坚不可摧的屏障横亘在长江之上。其总库容高达 3.93×10^{10} m^3，发电总装机容量更是达到了惊人的 2.25×10^7 kW，年发电量超过 1×10^{11} kW·h 时，为中国的能源供应提供了强有力的支持。三峡大坝的建成，不仅极大地改善了长江的航运条件，还显著提升了下游地区的防洪能力，为长江流域的经济发展与人民生命财产安全提供了坚实保障，堪称中国乃至全球水利工程的璀璨明珠。

图 3-27　三峡大坝

哇！三峡大坝好壮观啊！而且还能承载这么多的功能，真是伟大！不过，刚刚听到介绍，三峡大坝竟然是个水电站，难道水不但可以载舟，还能发电吗？这个真是让我有些不明白了。

我们运用 AI 搜索了解一下其中的道理吧！

哦，原来水能发电，是有好多能量转化的原理蕴含在里面呢！

水主要通过**水力发电**的方式来产生电能。水力发电是将**水的势能转化为动能，再通过水力发电机将动能转化为电能**。

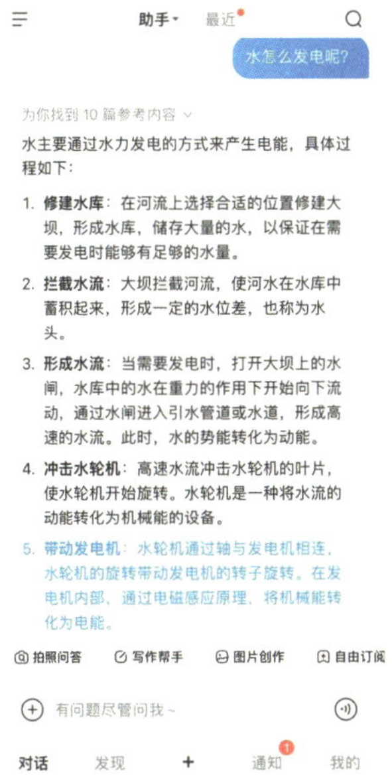

图 3-28　运用 AI 搜索学习知识

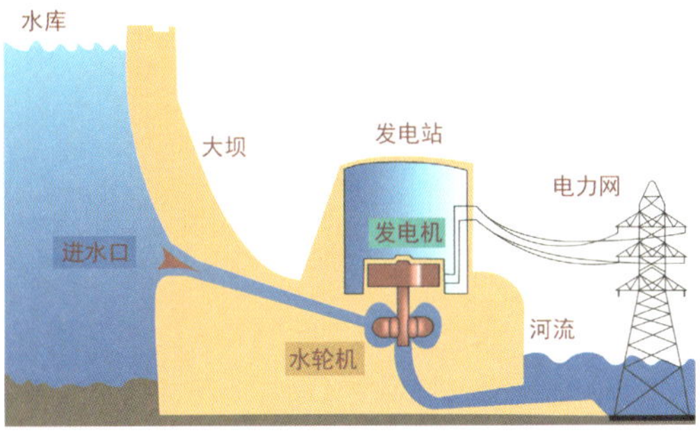

图 3-29　水力发电示意图

水力发电利用的是水能，这是一种可再生能源。与化石燃料不同，水能不会产生温室气体排放，对环境无污染，有助于减缓全球气候变暖。所以，水力发电具有清洁、可再生、成本低等优点，是一种重要的电力生产方式。

没想到看似“柔弱”的水，还能有这么强大的潜能，真是让人刮目相看呢！那么，我们日常生活中最常见的水，还蕴含着哪些绿色的能量呢？让我们先来了解一下水的组成吧！

小贴士

元素

你知道吗？我们日常所说的水、二氧化碳等物质，都是由更加微小的粒子构成的。人们利用化学方法分析众多的物质，发现它们的基本组成——**元素**其实只有一百多种，就像可拼写出数十万个英文单词的字母只有 26 个一样。

例如，氧气（O_2）和二氧化碳（CO_2）的组成和性质不同，但它们都含有**氧元素**。氧分子和二氧化碳分子中都含有氧原子，这些氧原子的原子核内都含有 8 个质子，即核电荷数为 8。

化学上将质子数（即核电荷数）为 8 的所有氧原子统称为氧元素，**用 O 表示**；

将质子数为 1 的所有氢原子统称为氢元素，**用 H 表示**；

将质子数为 6 的所有碳原子统称为碳元素，**用 C 表示**。

可见**元素是质子数（即核电荷数）相同的一类原子的总称**。

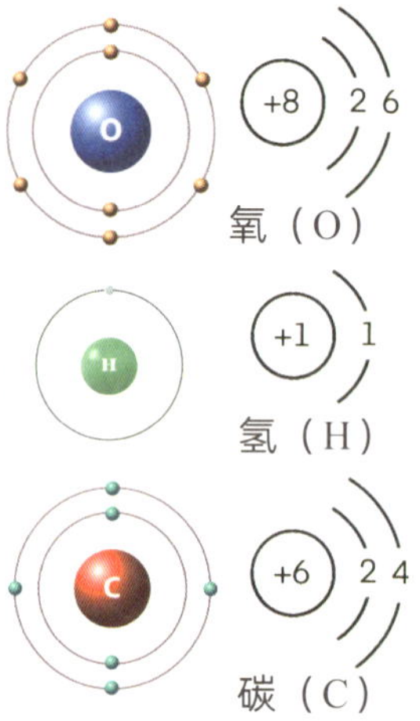

图 3-30　一些原子的原子结构示意图

哦，原来我们身边的物质都是由元素组成的，那么水又是由什么元素组成的呢？

我们先来了解一下科学家研究水的历史吧！

很长的一段时间，水被看作一种“元素”。直到 18 世纪末，人们通过对水的生成和分解实验的研究，才最终认识了水的组成。

18 世纪中叶，英国化学家普里斯特利和卡文迪什发现氢气在空气中燃烧生成水，但他们受限于当时的“燃素学说”未能给出正确的解释。

后来，法国化学家拉瓦锡重复并深入研究了这些实验，并做了水蒸气通过烧红的铁管得到氢气的实验，最终确认水是由氢元素和氧元素组成的化合物。

研究氢气燃烧的实验，是人们探究水的组成的开始，那么，我们也先了解一下氢气这种物质吧！

小贴士

氢气（H_2）及其纯度的检验

氢气（H_2）是一种**无色、无味、难溶于水的气体**。氢气是世界上已知的**密度最小的气体**，其密度只有空气的 $\frac{1}{14}$。

氢气是一种极易燃烧的气体，在空气中点燃氢气，会产生**淡蓝色火焰**，生成水，并放出大量的热。这个反应的化学方程式：$2H_2 + O_2 \xlongequal{点燃} 2H_2O$。

需要注意的是，混有一定量空气或氧气的氢气遇明火会发生爆炸，因此在点燃氢气前一定要进行**验纯**操作。点燃氢气时，发出尖锐爆鸣声表明气体不纯，声音很小则表示气体较纯。

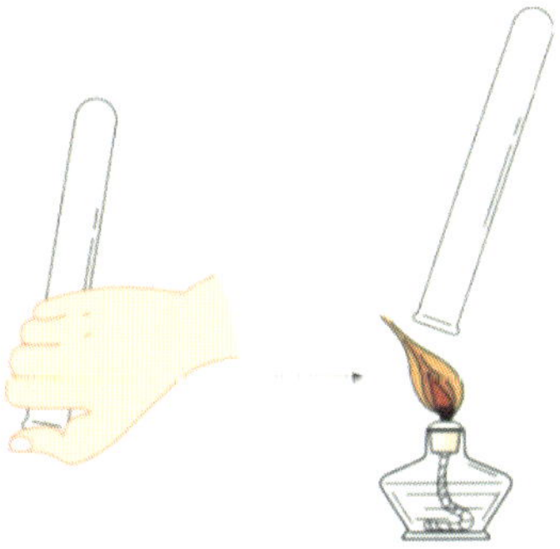

用拇指堵住集满氢气的试管口　　靠近火焰，移开拇指

后来，人们还通过电解水实验进一步验证了水的组成，即水在电流作用下可以分解成氢气和氧气，且体积比约为 2:1。

根据这些实验结果最终确定了水是由氢元素和氧元素组成的。

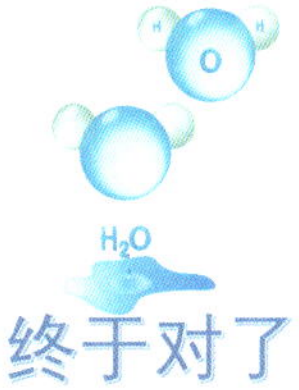

如今，我们可以在家里利用一些简单的生活用品来完成电解水的实验，我们一起来尝试一下吧！

家庭小实验

实验名称： 铅笔电解水

实验用品： 铅笔（两头都露出笔芯）、纯净水、小苏打、9 V 电池、饮料瓶（剪掉一半）、硬纸板（带两个能够插入铅笔的孔隙）等

注：做实验前要戴好橡胶手套和护目镜

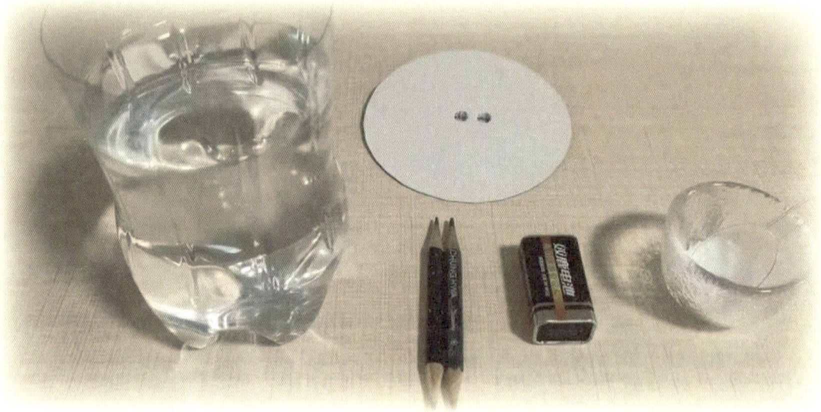

实验步骤

1. 准备电解质溶液：

在饮料瓶中加入适量的纯净水，加入少量小苏打，搅拌均匀，使其溶解。

2. 连接装置、进行实验：

将两支铅笔分别插入硬纸板中，按照图示，组装好装置。将两支铅笔的笔芯分别与 9 V 电池的正极、负极接触。观察水中铅笔芯周围的气泡产生情况。

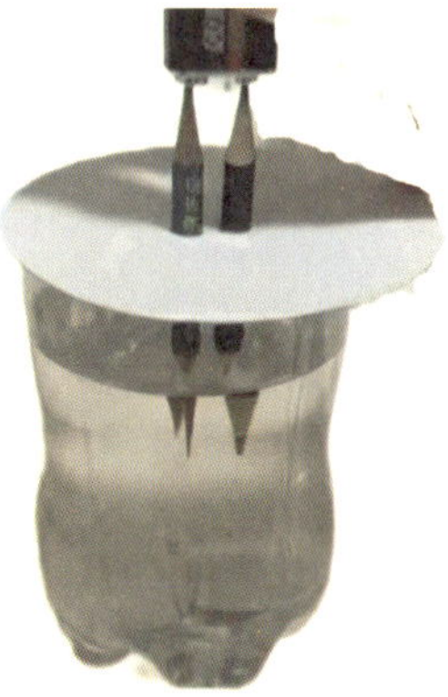

思考与交流

1. 你知道铅笔芯的成分是什么吗？在这个实验中，铅笔芯起到了什么作用？

2. 在本实验中，向纯净水中加入小苏打的目的是什么？

（提示：纯净水的导电性相对较弱，因为其中的离子数量很少。而小苏打——碳酸氢钠，在水中可以电离出离子，这些离子在电解过程中能够传递电荷，促进电解水反应的进行。）

3. 通过观察实验现象，水中两支铅笔芯表面的现象一样吗？有什么相同点和不同点？说明了什么？

好神奇啊，原来用两支普通的铅笔和一节电池，就可以探索水的奥秘了！如果我们能够用实验的方法检验出气体的成分是氢气和氧气，就能够证明水是由氢和氧两种元素组成的了！

让我们一起走进化学实验室，通过实验来探寻答案吧！

走进化学实验室

实验名称：探究水的组成——电解水实验

实验用品：电解水装置（或简易装置，如使用试管、电源等）、直流电源、木条、烧杯、水、硫酸钠或氢氧化钠等

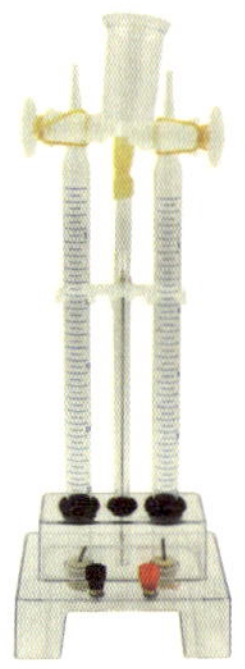

图 3-31　电解水装置图

实验步骤

1. 准备阶段：

（1）取一个烧杯，向其中加入适量水，向水中加入少量硫酸钠或氢氧化钠，以增强水的导电性。

（2）向电解水装置中加入上述液体至液面达到 0 刻度，连接好左右两侧的内含玻璃球的玻璃管。

（3）将直流电源的正、负极分别连接到电解装置的正、负极上。

2. 电解过程：打开电源开关，观察并记录电极上和两侧玻璃管内的实验现象。

现象	与电源正极相连的玻璃管内	与电源负极相连的玻璃管内
比较左右两玻璃管中的现象差异		

3. 检验产物，确定水的组成：释放出气体，用燃着的木条分别在两个管口检验电解水反应中产生的气体，观察并记录实验现象。

现象	检验与电源正极相连的玻璃管内的气体	检验与电源负极相连的玻璃管内的气体
解释		

思考与交流

1. 水在通电后发生了什么变化？

2. 分析水的生成和分解实验，说说其中的哪些现象和事实能够表明水不是一种元素，而是由氢、氧两种元素组成的。

3. 已知氢气和氧气都是由两个原子构成的分子，可分别表示为 H_2 和 O_2，水分子可表示为 H_2O。

通过上述实验，可以验证水分子中的氢、氧原子之比为 2:1 吗？谈谈你的想法。

伙伴们，我们通过实验验证了水中含有氢、氧两种元素，大家是不是特别有成就感啊？其实科学家们都是用类似这样的方法来研究物质的组成的。

随着科学研究的不断进步，人们认识的物质越来越多，为了更便于研究，我们常依据一定的标准对物质及其变化进行分类。

例如，**依据元素组成**将纯净物分为**单质**和**化合物**。由**同种元素组成的纯净物**叫作单质，如氢气（H_2）、氧气（O_2）、氮气（N_2）、碳（C）等都是单质。如水（H_2O）、二氧化碳（CO_2）等组成中**含有不同种元素的纯净物**叫作化合物。再例如，依据反应物和生成物种类的多少将一些化学反应分为**分解反应**和**化合反应**等，如 $2H_2 + O_2 \xlongequal{点燃} 2H_2O$ 就是一个典型的化合反应，而 $2H_2O \xlongequal{通电} 2H_2\uparrow + O_2\uparrow$ 就是一个典型的分解反应。

思维训练

请你结合本节所学的知识和方法，梳理出从化学的视角研究物质的一般方法。

游览过了三峡大坝，我们感受到了水不但可以载舟，还可以发电；通过实验探究，我们了解了研究物质组成的方法，并感受到水分子中蕴藏的绿色动力。

下一个目的地依然与水有关哦，我们将要奔赴一个让人满眼绿色的世界。坐标定位浙江杭州，我们一起去西湖之畔，探寻泡得一杯好茶背后的秘密！

第4节　龙井茶香，水柔之谜——硬水软化的生活智慧

伙伴们，我们到达了这次旅行的第四站——浙江杭州！到了杭州，你最不能错过的景区是哪里呢？哈哈，我想大家都跟我一样，一定要到西湖来打卡！

饮湖上初晴后雨二首·其二

【宋】苏轼

水光潋滟晴方好，山色空蒙雨亦奇。

欲把西湖比西子，淡妆浓抹总相宜。

图 3-32　雨后西湖

看来只有身临其境，才能真正领悟诗句传递给人们的感受啊。无论是在什么样的季节和什么样的天气来到西湖，大家都能感受到其不一样的美。

近处碧波荡漾、柳丝轻拂，远处山峦如黛，湖景与古建筑错落有致，这一切都让人感到无比的新鲜和震撼。

且慢！伙伴们，我们这次来杭州的目的可不仅仅是欣赏西湖美景哦！我们游览过西湖之后，要到西湖之畔的龙井村去看一看呢！因为我们此行的任务是为了那一杯香茗——西湖龙井茶！我们先来听听导游的介绍吧！

名茶名片

西湖龙井

西湖龙井已有1200多年历史，是中国十大名茶之一，以“色绿、香郁、味甘、形美”四绝著称于世，被誉为“绿茶皇后”。西湖龙井产于杭州市西湖区，特别是以狮（峰）、龙（井）、云（栖）、虎（跑）和梅（家坞）五大核心产区最为著名，这些产区的龙井各具特色。

图 3-33　西湖龙井

图 3-34　泡茶

西湖龙井外形扁平光滑，苗锋尖削，芽长于叶，色泽嫩绿。香气清新持久，具有独特的嫩豆香，有的还带有淡淡的兰花香。汤色清澈明亮，呈嫩绿或嫩黄色。滋味甘醇爽口，回味悠长，具有“鲜、爽、甘、甜”四大特点。

西湖龙井的制作工艺包括采摘、晾晒、杀青、揉捻和炒制，凝聚了大自然的精华和制茶师的匠心独运。

哇！听了关于西湖龙井茶的介绍，我好想马上品尝一下啊！让我们奔赴五大核心产区之一的狮峰产地龙井村，据说这里被誉为“天下第一茶村”哦！大家一起开启寻茶之旅吧！

到了龙井村，映入眼帘的是一片片翠绿的茶树，仿佛一片绿色的海洋，随着山势起伏，绵延不绝。

西湖龙井之所以能成为世界闻名的好茶，不仅因为其产地具有得天独厚的自然条件，更在于制茶师精湛的炒制技艺。从采摘到晾晒，再到炒制，每一步都需严格把控，尤其是手工炒制，更是考验制茶师经验与火候掌握的技能。我们来了解一下龙井的制作工艺吧！

图 3-35　茶园

采摘：采摘标准为一芽一叶或一芽二叶，要求芽叶完整、新鲜、无损伤。

晾晒：将采摘下来的鲜叶进行晾晒，使茶叶的水分散失一部分，便于后续加工。

杀青：通过高温炒制，破坏茶叶中酶的活性，防止茶叶继续发酵，保持茶叶的绿色和鲜爽度。

揉捻：将杀青后的茶叶进行揉捻，使茶叶形状更加扁平光滑。

炒制：炒制是西湖龙井制作的关键步骤，通过炒制，使茶叶进一步失水，形成独特的香气和滋味。

这么多细致的步骤，都是手工进行的哦！看来能喝到一杯好茶，真是太不容易了！接下来让我们品一品正宗的西湖龙井吧！

茶汤清澈透亮，香气高雅持久，入口甘醇爽口，仿佛将整个狮峰山的灵气都融入其中。终于理解了为何西湖龙井茶能够跨越时空，成为无数茶客心中的挚爱。

真不愧是茶中的精品啊！不过想要泡出一杯好茶，如果只有好的茶叶，还远远不够哦！

不知道大家在生活中有没有遇到过这样的现象呢？有时尽管茶叶很好，但是泡出的茶水总是茶汤浑浊甚至口感不佳，往往让人很扫兴。你知道这是怎么回事吗？我们来通过 AI 搜索一下原因吧！

看来仅仅有好茶还远远不够，泡茶对水质的要求也很高呢，如果用的是硬水，则会严重影响茶的口感和色泽呢。但是，水怎么还有“硬”与“软”的差别呢？这是怎么回事呢？

让我们从化学的角度了解一下硬水和软水吧！

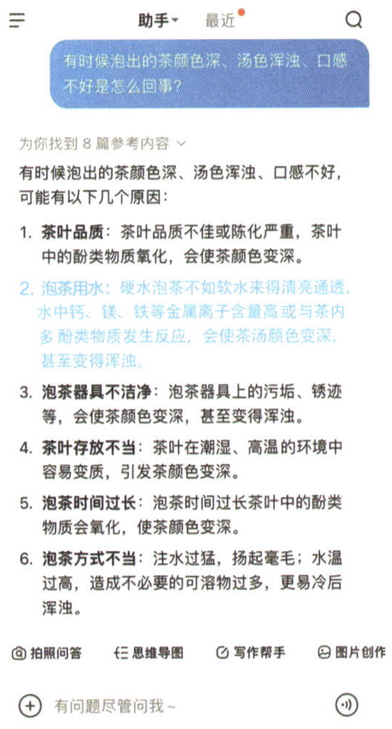

图 3-36　运用 AI 搜索学习知识

小贴士

硬水和软水

硬水和软水是根据水中可溶性钙、镁化合物的含量来区分的。

	硬水	软水
定义	含有较多可溶性钙、镁化合物的水	不含或含较少可溶性钙、镁化合物的水
常见来源	自然界中的泉水、井水等	自然界中的雨水和雪水，以及经过处理的水（如蒸馏水）
物质含量	含有较多钙、镁离子	几乎不含钙、镁离子
口感	通常感觉较为厚重，有时有苦涩味	口感清爽柔和
对健康的影响	适量饮用有助于补充矿物质，但长期饮用高硬度的水可能增加患肾结石、胆结石以及心血管疾病的风险	有助于预防钙结石的形成，促进尿酸排出，对皮肤和头发有益

哦，所谓的“硬”与“软”，原来是按照水中的可溶性钙、镁化合物的含量来进行区分的啊，又长知识了！

那么，如何在生活中用简单的方法来区分硬水和软水呢？有几个很简单的方法哦，我们通过家庭小实验来了解一下！

家庭小实验

实验名称： 区分硬水与软水

实验用品： 自来水、纯净水、肥皂水、玻璃杯、烧杯等

注：做实验前要戴好橡胶手套和护目镜

实验过程

方法一：用肥皂水鉴别硬水与软水

实验步骤	图示
取两只玻璃杯，分别盛放等量的肥皂水	
取两只烧杯，分别盛放等量的纯净水和自来水	 纯净水 自来水
分别把肥皂水倒入纯净水和自来水中，充分搅拌	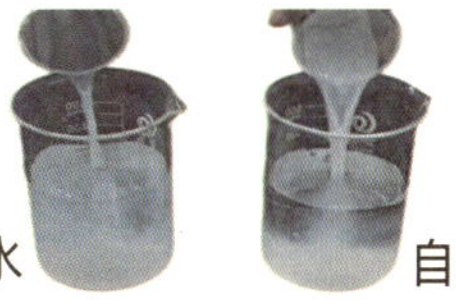 纯净水 自来水
静置后观察现象	 纯净水 自来水
实验现象	

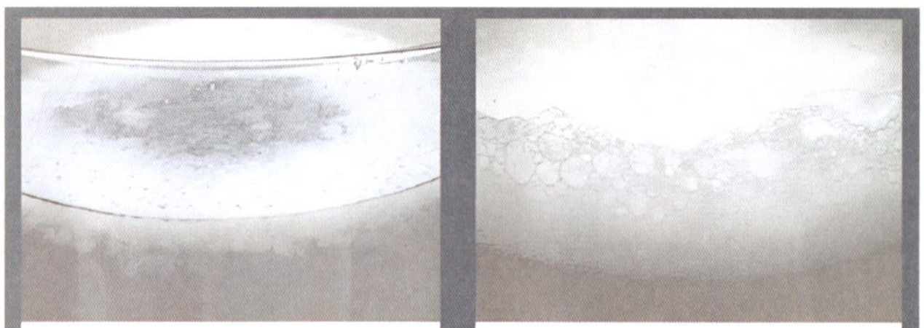

硬水
含有钙、镁等离子的水
易形成皂垢沉淀

软水
几乎不含钙、镁等离子的水
无皂垢沉淀形成

方法二：煮沸法鉴别硬水和软水

实验步骤	图示
分别把装有纯净水和某地的自来水的玻璃杯中的水煮沸，冷却后观察现象	
实验现象	

思考与交流

1. 自来水中可能存在哪些成分？属于硬水还是软水？
2. 自来水遇到肥皂水，搅拌后为什么会出现明显的浑浊物？

这回我明白了，原来好茶必须配好水啊！如果想泡出清澈透亮的一杯茶，选择什么样的水是很重要的。看来我们可以选择软化水、纯净水或者是矿物质含量低的矿泉水哦！

在日常生活中，我们使用的自来水一般都是经过处理后达到生活饮用水卫生标准的硬水，有些地区的自来水含有较多的钙、镁等离子，属于硬水，有些地区的自来水含有较少的钙、镁等离子，属于软水。除了上述方法，你还知道哪些检测水的“硬”“软”的方法。

怪不得家里的烧水壶用一段时间后会结有水垢呢！原来是硬水所含的成分导致的。

图 3-37 内部附有水垢的烧水壶

确实是这样，生活中使用硬水会遇到许多麻烦。比如：如果用硬水洗涤衣物，会导致洗涤剂效果降低、衣物上的污垢难以彻底去除、衣物面料变硬且色彩暗淡、缩短衣物使用寿命，还会增加洗涤成本，并缩短洗涤设备的使用寿命。

如果锅炉用水硬度过高，那就会十分危险。锅炉内结垢后不仅浪费燃料，而且会使锅炉内管道局部过热，易引起管道变形或损坏，严重时还可能引起爆炸。

既然生活中使用硬水会带来这么多的问题，那么能不能采用一些办法来降低水的硬度呢？

当然可以了，结合本章前面几节我们了解到的一些实验方法，就可以实现硬水的软化呢。让我们来回顾并思考一下吧！

思考与交流

请你结合自己的经验和前面了解到的实验方法，设计一个硬水软化的实验。

图 3-38 煮沸水

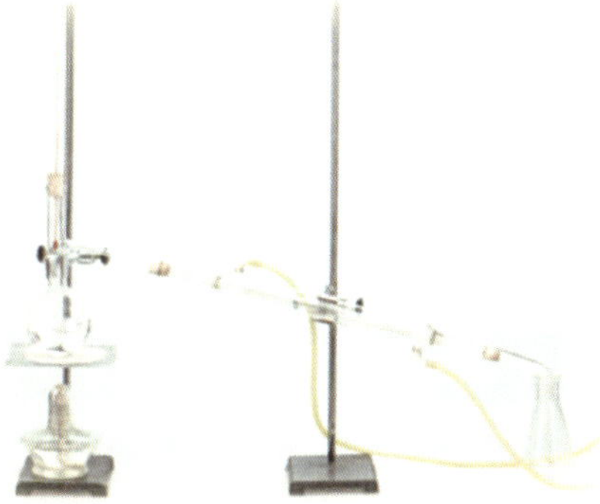

图 3-39 蒸馏装置图

相信大家都能找到解决问题的办法！

在实验室里，除了大家能够想到的诸如加热煮沸法、蒸馏法等硬水处理的方法以外，还有一种加入药剂去除硬水中可溶性的钙离子和镁离子的方法——苏打—石灰法。让我们走进化学实验室，来模拟进行硬水软化的这个实验吧！

走进化学实验室

实验名称： 模拟苏打—石灰法进行硬水的软化

实验用品： 硬水、饱和碳酸钠溶液（Na_2CO_3，俗称苏打）、饱和氢氧化钙溶液 [$Ca(OH)_2$，俗称熟石灰]、试管、玻璃棒、量筒等

实验步骤

操作	图示	现象
向一支洁净的试管中加入 3 mL 待处理的硬水		
向试管中滴加几滴饱和碳酸钠溶液，再滴加几滴饱和氢氧化钙溶液		
振荡，静置		

资料

1. 已知硬水中的钙离子和镁离子主要以 $Ca(HCO_3)_2$、$Mg(HCO_3)_2$ 和 $CaSO_4$ 等形式存在。在用苏打—石灰法处理硬水的过程中，发生的化学反应主要有以下几个：

碳酸氢钙与氢氧化钙反应：$Ca(HCO_3)_2 + Ca(OH)_2 = 2CaCO_3\downarrow + 2H_2O$；

碳酸氢镁与氢氧化钙反应：$Mg(HCO_3)_2 + 2Ca(OH)_2 = Mg(OH)_2\downarrow + 2CaCO_3\downarrow + 2H_2O$；

硫酸钙与碳酸钠反应：$CaSO_4 + Na_2CO_3 = CaCO_3\downarrow + Na_2SO_4$。

2. 根据《生活饮用水卫生标准》（GB 5749—2022），生活饮用水的 pH 应在 6.5 至 8.5 之间，这个范围内的水被认为是合格的饮用水。此外，饮用水的最佳 pH 为 7.5，这是因为呈弱碱性的水对人体健康最为有益。

思考与交流

1. 上述实验过程中能够看到有明显的浑浊物出现，请你推测它的化学成分。

2. 如果想最终获得软水，还应该进行怎样的实验操作？

3. 本实验获得的软水能够达到生活饮用水的标准吗？如何进行检测和进 步处理使其达到生活饮用水的标准呢？

刚才的实验和问题讨论，大家是否觉得有些费脑筋呢？别担心，掌握了一定的学习化学的思路和方法，了解了反应的规律后，就会越来越觉得简单轻松了呢！

我们言归正传，硬水的软化在我们的日常生活中随时都在发生着，比如我们校园里的饮水机，就是一个可以把自来水转化为符合饮用标准的饮用水的装置呢！

你知道吗？饮水机采用的硬水软化处理方法叫作离子交换法，这是最常见的硬水软化方法之一。

图 3-40　自动饮水机

离子交换法利用树脂或其他材料作为介质，通过吸附和置换的方式去除水中的钙、镁离子。具体而言，阳离子交换树脂能**释放出钠离子**并**吸收钙、镁离子**，从而使水变软。这一过程可以通过自动控制系统实现，大大提高了便利性。不过，使用离子交换法需要定期更换再生树脂，并消耗一定量的盐。

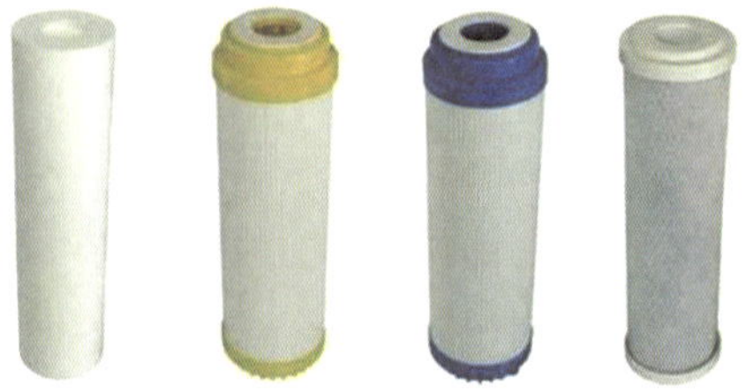

图 3-41　净水树脂材料

思维训练

下图是自来水厂净水过程示意图，请你描述净水过程中主要通过哪些步骤除去水中杂质，将天然水变成生活用水？在这些步骤中，哪些步骤是需要借助化学反应来实现的？

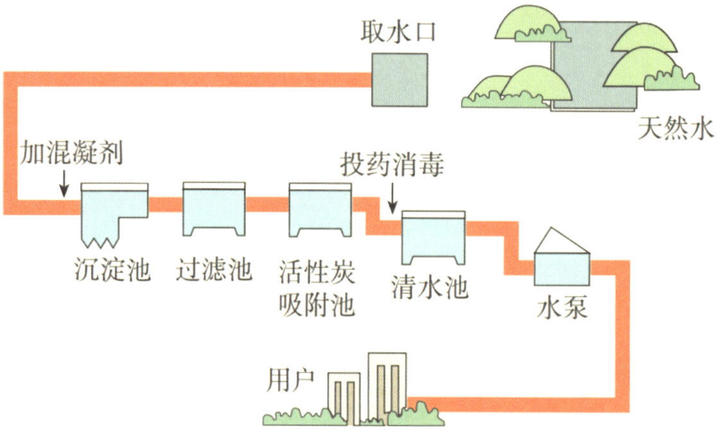

图 3-42　自来水厂净水过程示意图

伙伴们，我们这一次水世界探秘之旅即将结束了，相信大家一定和灵析一样收获满满吧！

哎呀，没想到自然界中如此丰富、常见的水，如果真的想要为人类所用，竟然还面临着这么多的问题，需要这么复杂的过程呢！而这些问题的解决都离不开化学啊！

相信你也一定有这样的感受吧！那么，让我们和灵析一起稍事休整，为我们下一站的旅行做好准备哦！我们后面的旅行一定会让你觉得更加精彩呢！

第四章

溶液探秘

本章概述

在祖国大地，海洋是雄浑壮阔的乐章，波涛汹涌，奏响生命的乐曲；江河是灵动飞扬的诗篇，奔腾不息，书写文明的传奇；盐湖是梦幻瑰丽的画卷，色彩斑斓，展现自然的神奇。它们共同绘就了一幅波澜壮阔、丰富多彩的水文画卷。水在不同的区域，容纳不同的物质，呈现不同的景象。让我们与灵析一起在这片广袤的土地上，探秘水与不同物质的作用，感受大自然的雄浑与柔美、古老与神奇。

图 4-1　波涛汹涌的大海

图 4-2　奔腾不息的江河

图 4-3　运城盐湖冬天析出的硝花

图 4-4　茶卡盐湖晒盐

第1节 夏日七彩景观——探秘溶液的形成

第一站，灵析来到山西省的运城市，随着热气球的缓缓升空，灵析禁不住发出感叹：“太美了，运城盐湖好像一块巨大的调色板，有的呈现出梦幻般的粉色，有的是澄澈的蓝色，还有的如翡翠般碧绿，在阳光下展现出绚丽多彩的颜色。从高空俯瞰，那一片片不同色泽的湖水交织在一起，盐湖周边的山峦、田野和城市也尽收眼底，真是一幅壮美与秀丽并存的画卷。”灵析在感叹大自然美丽景色的同时，不禁产生了疑问：为什么盐湖的水会五颜六色呢？

图 4-5　运城的七彩盐湖

让我们通过 AI 搜索一下，看看运城盐湖水五颜六色的原因是什么。

哦，原来是运城盐湖中的水含有丰富的矿物质，矿物质种类不同、比例不同，溶于水后水就会显现不同的颜色。而且矿物质溶于水后给一些可以产生色素的藻类和微生物提供了适宜的生长环境，其产生的色素呈现出的色彩更加丰富了盐湖的颜色。

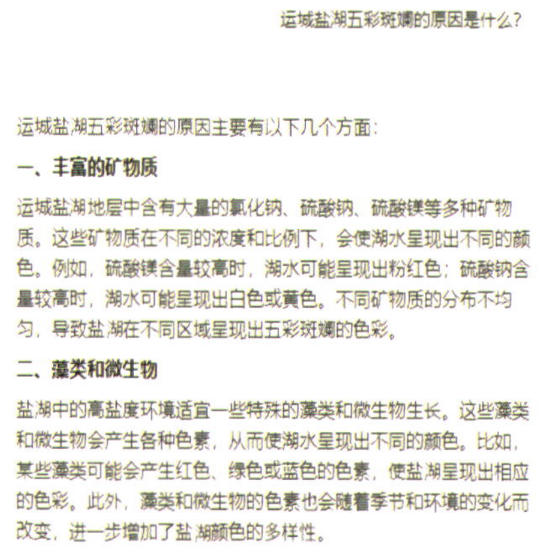

运城盐湖五彩斑斓的原因是什么？

运城盐湖五彩斑斓的原因主要有以下几个方面：

一、丰富的矿物质

运城盐湖地层中含有大量的氯化钠、硫酸钠、硫酸镁等多种矿物质。这些矿物质在不同的浓度和比例下，会使湖水呈现出不同的颜色。例如，硫酸镁含量较高时，湖水可能呈现出粉红色；硫酸钠含量较高时，湖水可能呈现出白色或黄色。不同矿物质的分布不均匀，导致盐湖在不同区域呈现出五彩斑斓的色彩。

二、藻类和微生物

盐湖中的高盐度环境适宜一些特殊的藻类和微生物生长。这些藻类和微生物会产生各种色素，从而使湖水呈现出不同的颜色。比如，某些藻类可能会产生红色、绿色或蓝色的色素，使盐湖呈现出相应的色彩。此外，藻类和微生物的色素也会随着季节和环境的变化而改变，进一步增加了盐湖颜色的多样性。

图 4-6　运用 AI 搜索学习知识

任何物质都可以溶于水吗？物质溶于水后有什么变化呢？我们跟灵析一起通过实验来学习一下吧！

走进化学实验室

实验名称： 蔗糖的溶解

实验用品： 蔗糖、水、烧杯、玻璃棒

实验步骤

在 20 mL 水中加入一匙蔗糖，用玻璃棒搅拌，观察现象。

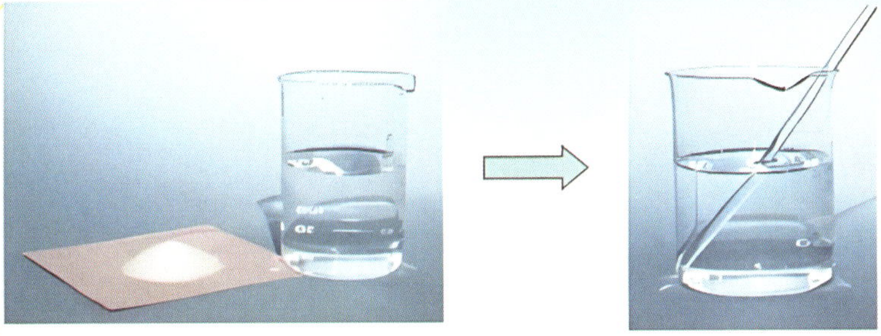

图 4-7 蔗糖的溶解

资料卡片

蔗糖和食盐的溶解

蔗糖加入水中后，蔗糖表面的分子在水分子的作用下，逐步向水里扩散，最终蔗糖分子均一地分散到水分子之间，形成一种混合物——蔗糖溶液。如果把食盐（主要成分是氯化钠）放入水中，氯化钠也会逐步向水里扩散，最终均一地分散到水分子之间，形成氯化钠溶液，氯化钠在溶液中以钠离子和氯离子的形式存在。取出蔗糖溶液（或者氯化钠溶液）中的任意两部分进行比较，发现它们的组成完全相同，即溶液是**均一的**；只要水分不蒸发，温度不变化，蔗糖与水（或氯化钠与水）就不会分离，即溶液是**稳定的**。

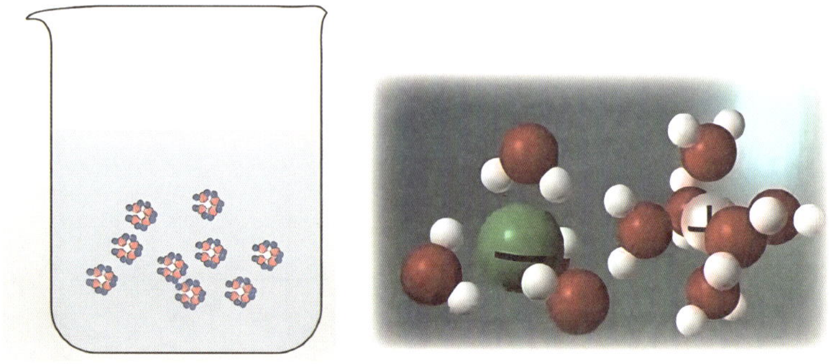

图 4-8　蔗糖、食盐在水中溶解微观示意图

像氯化钠、蔗糖在水中“消失”这样，一种或几种物质分散到另一种物质里，形成的均一稳定的混合物叫作**溶液**。能溶解其他物质的物质叫作**溶剂**，被溶解的物质叫作**溶质**。

氯化钠溶解在水中了，氯化钠是溶质，水是溶剂，而且氯化钠在水中变成了很小的离子，所以我们看不到它了，它并不是消失了。硫酸钠和硫酸镁等矿物质在水中溶解的过程也与氯化钠的溶解过程一样，在水分子的作用下，形成均一稳定溶液。

哇，蔗糖和食盐都可以被水溶解，那是不是所有物质都溶于水呢？

虽然水可以溶解物质，但是，并不是所有物质都能溶于水，比如生活中的植物油、动物脂肪等就不能溶于水。

哦，是的，我在家里洗碗的时候，油都会浮在水面上，这是为什么呢？

油与水混合时，它与水分子之间的作用力极弱，所以没办法混合起来，即使剧烈地振荡，当振荡停止时，油和水还是会迅速地分成两层。我们通过实验来看看吧！

实验名称： 乳化现象

实验用品： 水、植物油、洗涤剂、试管

实验步骤

在两支试管中各加入 5 mL 水和几滴植物油，观察试管中的液体是否分层。向其中一支试管中滴入 4～5 滴洗涤剂。用橡胶塞分别塞紧试管，振荡，观察现象。静置几分钟，再观察现象。把两支试管内的液体倒掉，并用水冲洗试管，比较这两支试管的内壁是否干净。

试管内加入的物质	现象			用水冲洗后的试管是否干净
	振荡前	振荡后	静置后	
水和植物油				
水和植物油及洗涤剂				

观察实验可以发现，用力振荡盛有水和植物油的试管后，得到乳状浑浊的液体。在这种液体里分散着不溶于水的、由许多分子集合而成的小液滴。静置后，植物油逐渐浮起来，液体又分为上下两层。在加入洗涤剂的试管中，现象不一样。虽然植物油也没有溶解在水中，但形成的乳浊液却能够比较稳定地存在，静置后，液体不再分为两层。这是为什么呢？

这种小液滴分散到液体里形成的混合物叫作**乳浊液**。这种乳浊液不稳定，静置后恢复到振荡前的分层状态。加入洗涤剂后，洗涤剂能使植物油在水中分散成无数细小的液滴，而不聚集成大的油珠，从而使油和水不再分层，所形成的乳浊液稳定性增强。这种现象称为**乳化**。乳化后形成的细小液滴能随着水流动，因此，加入洗涤剂的试管中的植物油能被水冲洗干净。衣服、餐具上的油污可以用加入洗涤剂的水洗掉，也是这个道理。

资料卡片

溶液、乳浊液和悬浊液

可溶性物质溶解在适量水中，可以得到溶液。振荡或搅拌植物油与水的混合物时，可以得到乳浊液。

如果把少量泥土放入水中搅拌时，也会得到一种浑浊的液体。这种液体里悬浮着很多不溶于水的固体小颗粒，使液体呈现浑浊状态，这种液体叫作悬浊液。悬浊液不稳定，静置一段时间后，其中的固体小颗粒会沉降下来。

图 4-9　泥土的悬浊液

在溶液、乳浊液和悬浊液中，分散在液体中的粒子大小是不同的。在溶液中溶质粒子的直径小于 1 nm；在乳浊液和悬浊液中，粒子的直径大于 100 nm。

乳浊液和悬浊液也有广泛的用途。例如，用 X 射线检查肠胃病患者时，让病人服用的钡餐就是硫酸钡的悬浊液。粉刷墙壁用的乳胶漆的主要原料——合成树脂乳液是乳浊液。在农业上，为了合理使用农药，常把不溶于水的固体或液体农药配制成悬浊液或乳浊液，用来喷洒受病虫害的农作物。这样农药药液散失得少，附着在叶面上的多，药液喷洒均匀，既节省农药，又提高药效，而且使用还很方便。

我明白了，溶液和浊液都是混合物，二者本质的差别是溶质粒子直径的不同。乳浊液和悬浊液的溶质粒子直径都大于 100 nm，但是乳浊液是液体混合物，悬浊液是固液混合物。那有哪些物质是可以溶于油而不能很好地溶于水的呢？我们一起来看下面这个实验吧！

实验名称： 不同物质在不同溶剂中的溶解性实验

实验用品： 高锰酸钾、碘、水、汽油、试管

实验步骤

在两支试管中各加入 1～2 小粒碘，然后分别加入 5 mL 水或 5 mL 汽油；另取两支试管各加入 1～2 小粒高锰酸钾，然后分别加入 5 mL 水或 5 mL 汽油。振荡，观察现象。

溶质	溶剂	现象
碘	水	
碘	汽油	
高锰酸钾	水	
高锰酸钾	汽油	

结论：____。

实验表明，碘几乎不溶于水，却可以溶解在汽油中；高锰酸钾几乎不溶于汽油，却可以溶解在水中。这说明，同一物质在不同溶剂中的溶解性是不同的，不同的物质在相同的溶剂中的溶解性也是不同的。

哇，好神奇啊，原来并不是所有的物质都能溶于水，有的物质在水中溶解得不好但是在油中却能溶解得很好，这是为什么呢？

关于这个问题，我们会在以后的学习中再详细地展开介绍，大家也可以查阅资料来了解。其实溶质溶解时不仅受溶剂的影响，在溶解过程中还可能伴随有热量的变化哦！接下来的实验我们一起探究溶解时的吸热或放热现象吧！

实验名称：探究溶解时的吸热或放热现象

实验用品：试管、烧杯、玻璃棒、温度计、氯化钠（$NaCl$）、氯化铵（NH_4Cl）、氢氧化钠（$NaOH$）

请设计实验方案，探究氯化钠、氯化铵、氢氧化钠溶解于水时是放出热量还是吸收热量。

实验方案

____

____

____

实验装置图

记录

溶质	氯化钠	氯化铵	氢氧化钠
加入溶质前水的温度 /℃			
溶解现象			
溶质溶解后溶液的温度 /℃			

结论:____。

实验反思

生活中还有哪些物质在溶解的时候会有吸热或放热的现象呢？让我们用厨房里的纯碱（碳酸钠）和小苏打（碳酸氢钠）来试试吧！

向碳酸钠中加入少量水后，碳酸钠结块变成晶体，并伴随放热现象，完全溶解后，温度略微升高；向碳酸氢钠中加入少量水，碳酸氢钠能溶解，并伴随吸热现象。物质溶解时，常常会使溶液温度发生改变。这说明物质在溶解过程中通常会伴有热量的变化，有些物质溶解时会出现放热现象，有些物质溶解时会出现吸热现象。

思维训练

生理盐水是医疗上常用的一种溶液，合格的生理盐水是无色透明的。一瓶合格的生理盐水敞口放置一段时间后，是否会出现浑浊现象？为什么？

第2节 天空之境寻盐记——探秘溶解度

看过了运城盐湖七彩的景观后，灵析来到了有着“天空之境”之称的青海茶卡盐湖。进入景区，映入眼帘的是一望无际的湖面，辽阔的湖面如同一面巨大的镜子，天空、云朵和远处的山峦完美地倒映其中，水天相接，仿佛置身于一个梦幻的世界。盐湖的湖水清澈见底，在阳光的照耀下，呈现出迷人的浅蓝色，就像一块巨大的蓝宝石镶嵌在大地上。沿着湖边漫步，脚下是厚厚的盐层，洁白如雪，细腻如沙。微风拂过，湖面泛起层层涟漪，倒映在水中的景象也随之摇曳，如梦如幻，让人陶醉其中。灵析一边感叹大自然的鬼斧神工，竟能创造出如此神奇的美景，一边忍不住发问：“这白色的晶体是盐吗？它不应该溶于水吗？怎么在水里还依然以固体形式存在呢？”

图 4-10　美丽的茶卡盐湖

图 4-11　茶卡盐湖的盐雕广场

我们知道，氯化钠和蔗糖很容易溶解在水中形成溶液，那它们是不是能无限制地溶解在一定量的水里呢？我们通过实验来研究一下吧！

走进化学实验室

实验名称： 探究室温下氯化钠在水中的溶解性

实验用品： 氯化钠、水、烧杯、天平、量筒

实验步骤

操作	（1）向 20 mL 水中加入 5 g 氯化钠，搅拌	（2）再加 5 g 氯化钠，搅拌	（3）再加 15 mL 水，搅拌
图示		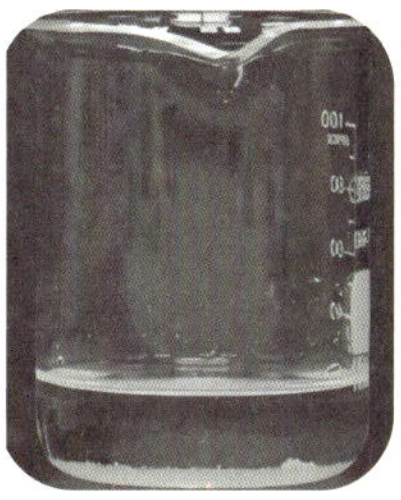	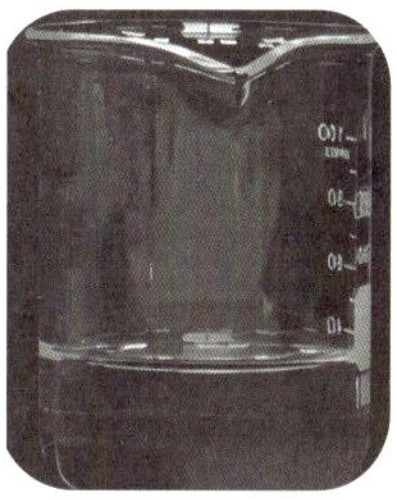
现象			
结论			

在一定温度下，向一定量的溶剂中加入某种溶质，当溶质不再溶解时，所得到的溶液叫作这种溶质的**饱和溶液**，例如操作（2）获得的溶液；还能继续溶解这种溶质的溶液叫作这种溶质的**不饱和溶液**，例如操作（1）和操作（3）中获得的溶液。

哦，我明白了，茶卡盐湖水里溶解的氯化钠已经达到饱和，氯化钠固体不能继续溶解到水里了，所以以固体的形式存在，如果往湖里再加入足量的水，溶液就会变成不饱和的，氯化钠就能继续溶解了，那还有别的办法让饱和溶液变成不饱和溶液，继续溶解溶质吗？

我们继续通过实验的方法来研究吧！

实验名称： 探究温度对硝酸钾在水中的溶解性的影响

实验用品： 硝酸钾、水、烧杯、天平、量筒、酒精灯、三脚架、石棉网

实验步骤

操作	（1）向 20 mL 水中加入 5 g 硝酸钾，搅拌	（2）再加 5 g 硝酸钾，搅拌	（3）加热烧杯	（4）再加 5 g 硝酸钾，搅拌	（5）冷却
图示		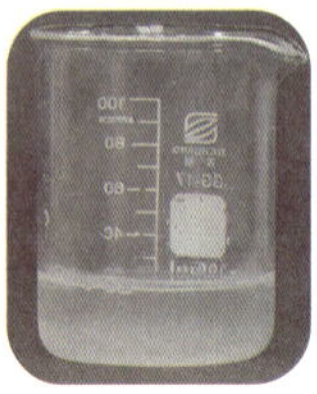	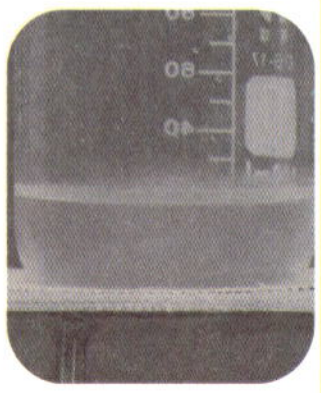	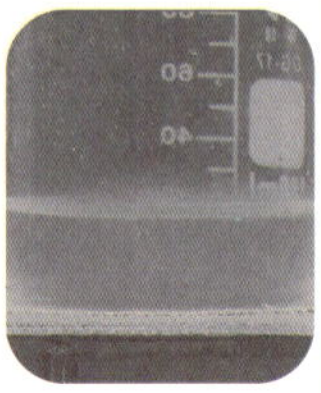	
现象					
结论					

在实验中，第二次加入的硝酸钾不能全部溶解，但加热烧杯时，剩余的硝酸钾固体继续溶解，且再次加入的 5 g 硝酸钾能全部溶解。这说明，当温度升高时，室温下的硝酸钾饱和溶液变成了较高温度下的不饱和溶液，因此可以继续溶解硝酸钾。

由此可知，温度不变时增加溶剂，或者升高温度的情况下，饱和溶液可以变成不饱和溶液。实验中，我们还看到，当热的硝酸钾溶液冷却后，烧杯底部出现了硝酸钾固体，这是因为冷却的过程中，硝酸钾的不饱和溶液变成了饱和溶液，温度继续降低，过多的硝酸钾会从溶液中以晶体的形式析出，这一过程叫作**结晶**。

哇，真的是太神奇了，溶质不仅能够在水分子的作用下溶解，它在一定的条件下还能从溶液中析出来。哪些方法可以让溶质从溶液中析出来呢？

实验说明只要将不饱和溶液变成热的饱和溶液后冷却，溶液中的部分溶质就能以晶体形式析出。是不是把溶剂减少也可以实现结晶呢？怎样才能让溶液中的溶剂减少呢？我们也通过实验来研究吧！

实验名称： 利用蒸发的方法析出溶质

实验用品： 氯化钠溶液、蒸发皿、铁架台（带铁圈）、酒精灯、玻璃棒

实验步骤

操作	按图组装仪器，将氯化钠溶液倒入蒸发皿，加热，不断搅拌
图示	 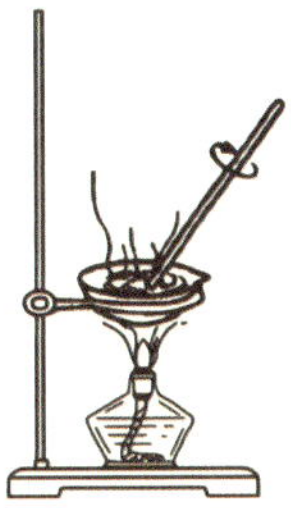
现象	
结论	

实验表明，蒸发溶剂也可以从溶液中获得溶质。冷却热的饱和溶液和蒸发溶剂是获得晶体常用的两种方法。工业上常用这两种方法从水溶液中获得溶质晶体。茶卡盐湖周围的居民“夏晒盐，冬捞碱”就是指在夏天利用蒸发结晶的方法获得粗盐，在冬天利用降温结晶的方法获得纯碱，那具体是怎么“夏晒盐，冬捞碱”的，让我们跟着灵析一起来看看吧！

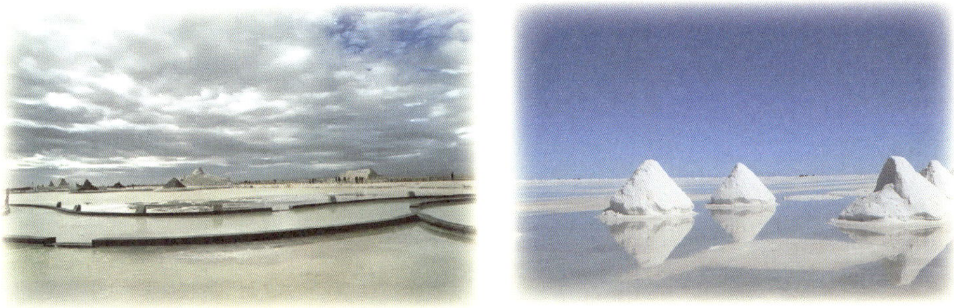

图 4-12　茶卡盐湖晒盐场景

“夏晒盐”主要包括采集湖水、蒸发结晶和收集盐层三个步骤。将湖水引流到盐田，然后利用风吹日晒使水蒸发，湖水逐渐浓缩，当达到一定程度后，食盐晶体就会逐渐从溶液中析出。此时，可采用采掘设备将盐层采掘出来，便得到了粗盐，后续进行处理后，根据盐中杂质含量不同作不同的用途，例如用于化工、冶金、印染、制革等工业领域的工业盐只要求氯化钠的纯度在 90% ～95%。食盐主要用于烹饪和调味，其纯度要求较高，根据国家标准《食用盐》(GB/T 5461—2016)，精制盐分为三级：氯化钠含量为 99.1% 及以上的为优级精制盐；氯化钠含量为 98.5% 及以上的为一级精制盐；氯化钠含量为 97.2% 及以上的为二级精制盐。实验室分析用氯化钠要求纯度达到 99.99% 以上。

“冬捞碱”是指在冬天从盐湖中捞取纯碱（碳酸钠）的过程，其流程大致如下：

开采前的准备：确定盐湖中纯碱的分布和含量，选择合适的开采区域。

破冰：由于冬季盐湖表面会结冰，需要使用工具将冰层打破，以便进入湖水中进行开采。

捞取碱块：使用特制的工具，如耙子或铲子，将湖底的碱块捞取上来。这些碱块通常是纯碱的结晶体。

为什么冬天纯碱在盐湖中会结块呢？

图 4-13　冬天茶卡盐湖湖面析出晶体

纯碱（碳酸钠）的溶解度随温度的变化比较明显。根据溶解度曲线（图 4-14），碳酸钠的溶解度随着温度降低而减小。在温度较高的季节，碳酸钠在水中的溶解度较大，大量的碳酸钠溶解在盐湖水中。当冬季来临，气温急剧下降，盐湖的水温也随之降低，碳酸钠结晶析出，形成碱块，可以从湖底捞取。

需要注意的是，“冬捞碱”的具体流程可能因地区和盐湖的不同而有所差异。

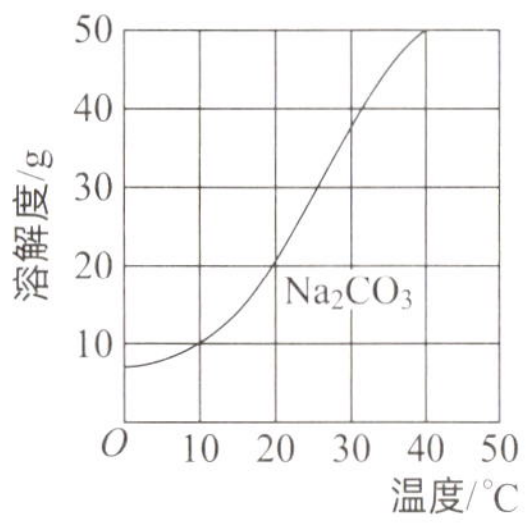

图 4-14　Na_2CO_3 溶解度曲线

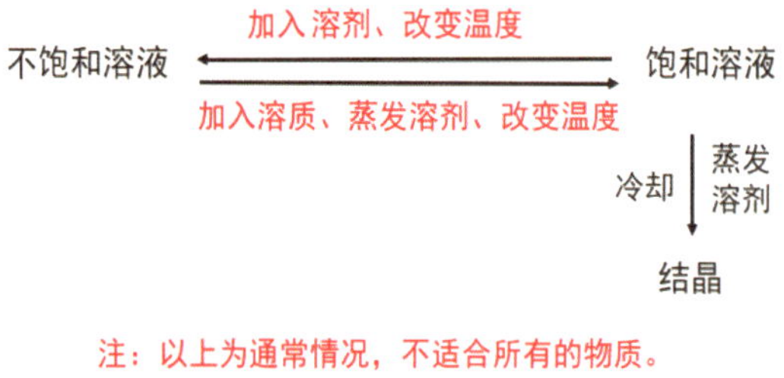

图 4-15　溶液饱和状态转化示意图

通过实验以及茶卡盐湖晒盐和捞碱的案例可以发现，在室温下，一定量的水中所能溶解的氯化钠、硝酸钾或碳酸钠的质量都有一个最大值，这个最大质量就是形成它的饱和溶液时所能溶解的质量。这说明，在一定的温度下，在一定量溶剂里溶质的溶解量是有限度的，化学上用**溶解度**表示这种溶解的限度。

资料卡片

溶解度

在一定温度下，某固态物质在 100 g 溶剂里达到饱和状态时所溶解的质量，叫作这种物质在这种溶剂里的溶解度。在未注明条件的情况下，溶解度通常指的是物质在水里的溶解度。例如，在 20 ℃ 时，100 g 水里溶解 36 g 氯化钠后就不能再溶解了，也就是溶液达到饱和了，我们就说在 20 ℃ 时，氯化钠在水中的溶解度为 36 g。又如 20 ℃ 时，100 g 水里溶解 203.9 g 蔗糖就饱和了，所以 20 ℃ 时，蔗糖在水里的溶解度为 203.9 g。

小贴士

溶解度的相对大小（20 ℃）

溶解度 /g	一般称为
<0.01	难溶
0.01～1	微溶
1～10	可溶
>10	易溶

趣味小实验——热冰实验

实验用品：三水合醋酸钠、水、铁架台、陶土网、酒精灯、玻璃棒、烧杯

实验步骤：

1. 将 130 g 三水合醋酸钠和 100 g 水一起加入烧杯，加热至沸腾，待表面形成一层薄膜，停止加热，室温下冷却。

2. 用蘸有三水合醋酸钠晶体的玻璃棒轻触溶液表面或向其中投入三水合醋酸钠晶体，观察现象。

实验原理：20 ℃ 时，三水合醋酸钠的溶解度为 46.5 g；100 ℃ 时，三水合醋酸钠的溶解度为 170 g。实验中，100 ℃ 时获得三水合醋酸钠的不饱和溶液，缓慢降温至室温（20 ℃）时，未析出晶体，此时获得的三水合醋酸钠过饱和溶液暂时处于亚稳态，当受到某些刺激（如加入三水合醋酸钠晶体）时，过多的溶质会结晶，恢复成一个适合此时温度的平衡状态（饱和溶液）。

过饱和的三水合醋酸钠溶液的结晶过程像水结冰一样，但与水结冰不同的是，三水合醋酸钠结晶过程伴随放热的现象，所以称为热冰实验。

图 4-16　热冰实验

小贴士

过饱和溶液

一定温度、压强下，当溶液中溶质的浓度已超过该温度、压强下溶质的溶解度，而溶质仍不析出的现象叫作过饱和现象，此时的溶液叫作过饱和溶液。过饱和溶液是不稳定的，当往溶液中加入一小块溶质晶体，即能引起过饱和溶液中的溶质结晶。过饱和溶液能存在的原因是溶质不容易在溶液中形成结晶中心即晶核。因为每一晶体都存在一定的排列规则，要有结晶中心，才能使原来无规则运动着的溶质质点集合起来，并按照这种晶体所特有的次序排列。不同的物质实现这种规则排列的难易程度不同，有些晶体需经过相当长的时间才能自行产生晶核，因此，有些物质的过饱和溶液看起来还是比较稳定的。不同的物质形成过饱和溶液的能力，首先取决于其分子组成。一般固态下含有结晶水（溶质从溶液中结晶析出时，晶体里结合着一定数目的水分子，这样的水分子叫结晶水）的物质，容易生成较稳定的过饱和溶液，如硝酸铜、硝酸锶、硫代硫酸钠、醋酸钠等。

原来溶质溶于水不仅可以形成不饱和溶液和饱和溶液，甚至可以通过控制温度形成过饱和溶液。可见，温度在物质溶解的过程中很重要。那么，哪些物质的溶解受温度的影响非常明显呢？影响又是怎样的呢？

方法导引

数据处理就是对数据进行加工的过程，目的是在庞大的、杂乱无章的、难以理解的数据中抽提或推理出对于人类生活有意义的、有价值的数据。列表法和作图法是常用的数据处理方法。

要搞清楚这个问题，我们需要采用数据处理的方法。

接下来我们一起通过数据处理法来探究温度对不同物质溶解度的影响。

活动：认识溶解度曲线

1. 下表是利用实验的方法测得的几种物质在不同温度时的溶解度，请你用纵坐标表示溶解度，横坐标表示温度，根据表中数据，在坐标纸上绘制这四种物质的溶解度随温度变化的曲线——**溶解度曲线**。

表 4-1　几种物质在不同温度时的溶解度

温度 /℃	溶解度 /g			
	NaCl	KCl	NH_4Cl	KNO_3
0	35.7	27.6	29.4	13.3
10	35.8	31.0	33.3	20.9
20	36.0	34.0	37.2	31.6
30	36.3	37.0	41.4	45.8
40	36.6	40.0	45.8	63.9
50	37.0	42.6	50.4	85.5
60	37.3	45.5	55.2	110
70	37.8	48.3	60.2	138
80	38.4	51.1	65.6	169
90	39.0	54.0	71.3	202
100	39.8	56.7	77.3	246

图 4-17　绘制溶解度曲线

2. 从绘制的溶解度曲线上，查出上述几种物质在 25 ℃ 和 85 ℃ 时的溶解度。

温度 /℃		25	85
溶解度 /g	NaCl		
	KCl		
	NH_4Cl		
	KNO_3		

3. 图 4-18 和图 4-19 给出了几种物质的溶解度曲线，请与你自己绘制的溶解度曲线作对比，并思考以下几个问题：

（1）这些物质的溶解度随温度的变化有什么规律？举例说明。

（2）溶解度数据表和溶解度曲线都可以表示物质在不同温度时的溶解度，二者有什么区别？通过溶解度数据表和溶解度曲线所提供的不同信息，你能否体会到不同的数据处理方法有不同的作用。

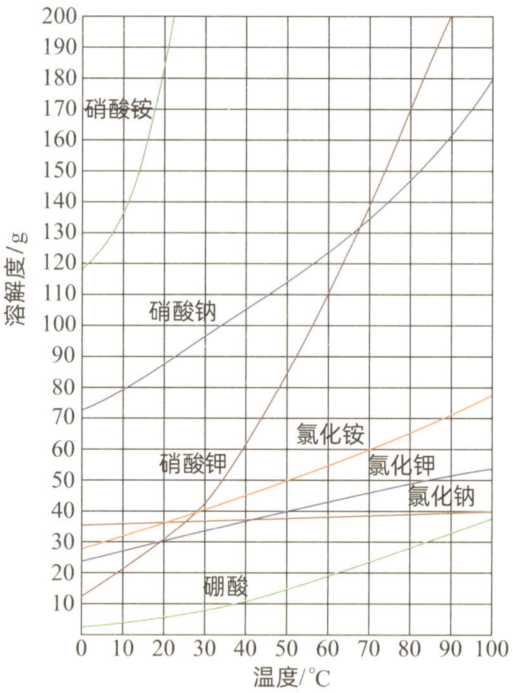

图 4-18　几种物质的溶解度曲线

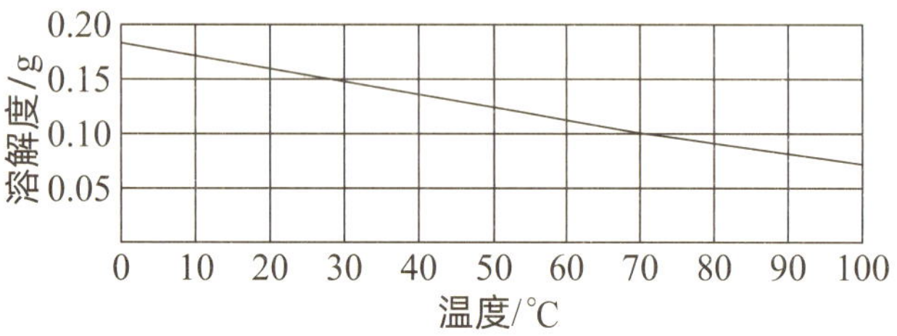

图 4-19　氢氧化钙的溶解度曲线

每种物质的溶解度随温度的变化有所不同，有些物质，如硝酸钠、硝酸钾，随着温度升高，溶解度迅速增大；另一些物质，如氯化钠和氯化钾，随着温度升高，溶解度缓慢增大；还有少数物质，如氢氧化钙，随着温度的升高，溶解度反而减小。

思维训练

若你在 20 ℃ 条件下配制出饱和的氯化钠溶液，然后把它加热到 50 ℃，所得溶液是饱和的还是不饱和的？说明理由。

溶液在我们的生活中和工业生产中甚至科学研究中都有非常重要的应用。例如 0.9% 的氯化钠溶液又叫生理盐水，是常用医用溶液，用于静脉注射；将乙二醇配制成溶液洒在飞机表面，可以除去飞机表面的冰块；在结冰的道路上撒盐使冰融化；科研院所在制备物质时用特定溶液做反应介质等。

图 4-20　利用乙二醇溶液给飞机除冰

在溶液发挥特定用途时，所需的浓度到底是多大呢？让我们跟灵析一起进入到某汽水生产厂家来看看吧！

第3节　汽水厂参观——探秘溶液的浓度

在一个阳光明媚的日子里，灵析来到了某汽水工厂参观。这次参观，让她对溶液和溶液浓度的知识有了更深刻、更直观的理解。

一进入工厂，首先映入眼帘的是巨大的生产车间和一排排整齐的生产设备。工作人员热情地介绍：汽水其实就是一种溶液，其中水是溶剂，而各种香料、色素、糖以及二氧化碳等就是溶质。

那汽水是怎么配制的呢？是怎样把香料、色素、糖和二氧化碳加入水中配成汽水的呢？

让我们来听听工作人员的讲解吧！

某汽水的生产过程

1. **准备原料**：符合食品标准的优质水、白砂糖、二氧化碳、香料和色素。
2. **混合与调配**：将准备好的糖、色素和香料依次加入水中，充分搅拌，形成混合溶液。在混合的过程中，不断检测溶液的浓度、甜度等及食品标准各项指标，确定符合预期配方及食品标准要求，例如利用专业的糖度计检测甜度来确定糖的溶解情况以及浓度是否合适。最后对溶液进行过滤处理，去除可能存在的不溶物，以保证汽水的澄清和口感。
3. **灌装与封盖**：首先将调配好的汽水灌装到经过清洗和消毒的玻璃瓶或易拉罐中，然后压入一定量的二氧化碳气体并迅速封装，以减少二氧化碳的逸出，保持瓶内压力和汽水的品质。

哇，第三步要将二氧化碳压入瓶中，那二氧化碳也溶于水了吗？为什么要迅速封装呢？

资料卡片

气体的溶解度

溶液的溶质可以是固体，也可以是液体或气体。如果两种液体互相溶解时，一般把量多的一种液体叫作溶剂，量少的一种液体叫作溶质。

气体溶于水时，不同气体的溶解度不同，有的气体溶解度小，而有的气体因为与水分子之间的作用力强或者能够与水发生化学反应而溶解度大。由于称量气体的质量相对困难，所以气体的溶解度常用体积来表示。通常气体的溶解度，是指该气体的压强在 101 kPa（标准大气压）和一定温度时，在 1 体积水中溶解达到饱和状态时的气体体积。如二氧化碳在压强为 101 kPa 和温度为 20 ℃ 时，1 体积水里最多能溶解 1 体积的二氧化碳，则在 20 ℃ 时，二氧化碳的溶解度为 1。

碳酸饮料在制作时，为了保证良好的口感，通常在加压的条件下将更多的二氧化碳封入汽水瓶中，打开盖子时，由于瓶内压强会立即降为大气压，所以汽水会自动喷出，所以灌装时要迅速封装，确保汽水瓶内的二氧化碳含量。由此可见，气体在水中的溶解度随气体压强的增大而增大。

工作人员讲解说，需要精确控制各种溶质的用量，以确保每一瓶汽水的口感和品质都保持一致。比如糖的浓度如果不合适，汽水就会过甜或过淡；二氧化碳的浓度也有严格要求，浓度太低，汽水的气泡就会不足，失去那种清爽刺激的口感，而浓度太高则汽水可能会在打开瓶盖的瞬间喷溅出来。

如何表示溶液的浓度呢？

我们在家喝糖水的时候都有这样的感受，两杯等量的水中加入一勺糖和两勺糖时，其完全溶解后两杯糖水的甜度是不一样的，通俗地说是这两杯水的浓稀不同。化学上表示溶液的浓度的方式很多，一种是**溶质的质量分数**。

$$溶质的质量分数=\frac{溶质的质量}{溶液的质量}\times 100\%$$

我们通过实验来感受一下吧！

走进化学实验室

实验名称： 配制不同浓度的溶液并计算溶质的质量分数

实验用品： 无水硫酸铜、水、烧杯、天平、玻璃棒

▶ 实验步骤

烧杯编号	操作	溶液颜色比较	溶剂质量	溶质质量	溶液质量	溶质的质量分数
1	 0.1 g 无水硫酸铜 + 20 mL 水					
2	 0.5 g 无水硫酸铜 + 20 mL 水					
3	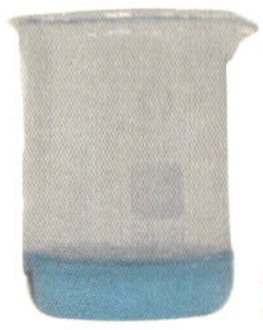 2 g 无水硫酸铜 + 20 mL 水					

对于有颜色的溶液来说，根据颜色的深浅可以判断溶液是浓还是稀。简单地将溶液分为浓溶液和稀溶液，这种分法比较粗略，不能准确地表明一定量的溶液里究竟有多少溶质。而在实际应用中，常常需要准确知道一定量的溶液里所含有的溶质的量，即溶液的浓度。

学了溶质的质量分数后，我们就能根据溶质的质量分数的计算解决生活中的问题。

用一用

1. 在医学上，常将溶质的质量分数为 5% 的葡萄糖溶液用于静脉注射。现要配制 150 kg 这种溶液，需要葡萄糖和水的质量各是多少？

解：

$$\text{溶质的质量分数} = \frac{\text{溶质的质量}}{\text{溶液的质量}} \times 100\%$$

溶质的质量 = 溶液的质量 × 溶质的质量分数

= 150 kg × 5%

= 7.5 kg

溶剂的质量 = 溶液的质量 − 溶质的质量

= 150 kg − 7.5 kg

= 142.5 kg

答：配制 150 kg 溶质的质量分数为 5% 的葡萄糖溶液，需要 7.5 kg 葡萄糖和 142.5 kg 水。

2. 化学实验室现有溶质的质量分数为 98% 的浓硫酸，但在实验室中常需要用较稀的硫酸。要把 50 g 上述浓硫酸稀释为溶质的质量分数为 20% 的硫酸，需要水的质量是多少？

分析：溶液稀释前后，溶质的质量不变。

解：设稀释后溶液的质量为 x。

$$50\ \text{g} \times 98\% = x \times 20\%$$

$$x = \frac{50\ \text{g} \times 98\%}{20\%}$$

$$= 245\ \text{g}$$

需要水的质量 =245 g − 50 g = 195 g

答：要把 50 g 溶质的质量分数为 98% 的浓硫酸稀释为质量分数为 20% 的硫酸，需要水 195 g。

除溶质的质量分数外，人们有时也用体积分数来表示溶液的浓度。例如用作消毒剂的医用酒精中乙醇的体积分数是 75%，指的是每 100 体积的医用酒精溶液中含 75 体积的乙醇。

这次参观汽水工厂，不仅让我们看到了一瓶美味汽水的生产过程，更让我们深刻认识到溶液和溶液的浓度的知识在实际生产中的应用。它让我们明白，化学知识不仅仅存在于课本和实验室中，更实实在在地体现在我们日常生活的点点滴滴里。希望我们能更加努力地学习化学知识，未来能探索更多化学知识在生活中的奇妙应用。

最后，让我们完成几个家庭小实验，进一步应用溶液的相关知识认识生活，体会化学知识的魅力吧！

家庭小实验

实验名称： 自制白糖晶体

实验用品： 白糖、开水、玻璃棒、细线、厚纸片

实验步骤

在干净的玻璃杯中加入约 20 mL 开水，然后加入白糖，用筷子搅拌，直到有少量白糖不再溶解为止。将一根细线的一端放入白糖溶液中，另一端留在玻璃杯外，用厚纸片盖住玻璃杯，防止灰尘进入，静置。过 4～5 天或者更长的时间，拿开厚纸片，观察溶液表面、玻璃杯壁和细线上白糖晶体的生成。

实验名称： 自制汽水

实验用品： 白糖、果汁、小苏打、凉开水、柠檬水、饮料瓶

实验步骤

在容量约 500 mL 的饮料瓶中加入 2 勺白糖和适量果汁，加入约 1.5 g 小苏打（碳酸氢钠），注入凉开水，再加入约 1.5 g 柠檬酸，立即旋紧瓶盖，摇匀，放入冰箱。半小时后，你就可以喝到清凉甘甜的汽水了。（注意：自制汽水时应使用食品级的碳酸氢钠和柠檬酸。）

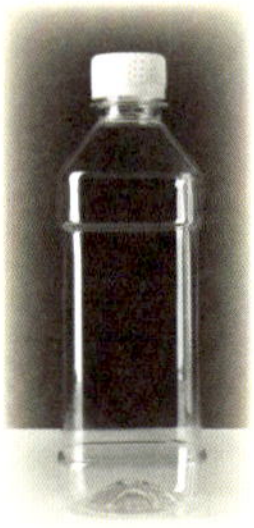

图 4-21　自制汽水

实验名称： 一定溶质质量分数的氯化钠溶液的配制

实验用品： 氯化钠、蒸馏水、家用电子秤、玻璃杯、搅拌棒、药匙、量筒等

实验步骤

（1）计算：配制 50 g 溶质的质量分数为 6% 的氯化钠溶液所需氯化钠的质量为______ g，水的质量为______ g。

（2）称量：用家用电子秤称量所需的氯化钠，并放入玻璃杯中。

（3）量取：用量杯量取所需的水（水的密度可近似看成 1 g/cm^3），倒入盛有氯化钠的玻璃杯中。

（4）溶解：用搅拌棒搅拌，使氯化钠溶解。

整个配制过程如下图所示。

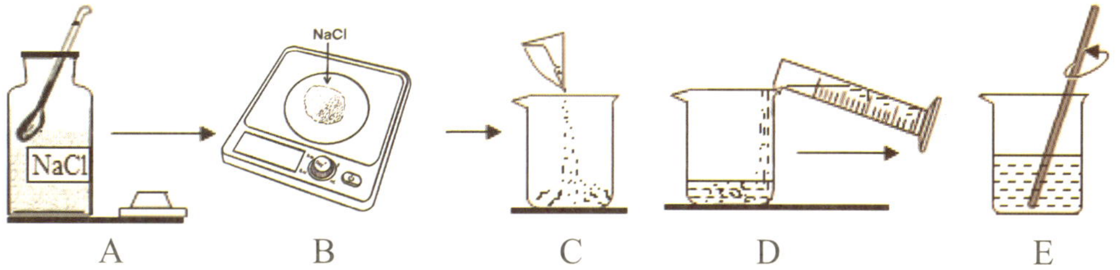

图 4-22 配制一定溶质的质量分数的氯化钠溶液

实验反思

准确配制一定溶质的质量分数的溶液，在实际应用中有什么意义？

思维训练

某食品加工厂生产的酱油中氯化钠的溶质的质量分数为 15%～18%，该厂日产酱油 15 t。试计算该厂每月（按 30 天计）消耗氯化钠的质量。

我们跟灵析一起游览了山西运城的七彩盐湖、青海的天空之境——茶卡盐湖，又参观了汽水厂，充分认识了溶液、溶解度和溶液的浓度及其定量表达，收获多多，那溶质不同的溶液混合时又会发生什么呢？让我们跟着灵析一起继续探秘吧！

第五章

博物馆中的化学世界

本章概述

每到一个地方，大家都会像灵析一样，打卡当地的博物馆吧！置身于博物馆中，不仅可以了解地方文化和历史变革，仿佛还可以和历史对话，快来和灵析一起看看吧！

你知道玉柄铁剑的“玉柄”完好，但是“铁剑”却已经锈蚀严重的原因吗？

你知道青铜器为什么是青绿色的吗？

三星堆的黄金面具为什么历经了几千年依然是金灿灿的呢？

这些文物都是由金属材料制成的，为什么在几千年后，外观却有着如此大的差异呢？

希望大家和灵析一样，带着一颗充满兴趣、好奇和探究的心来开启我们的博物馆之旅！

第1节　一抹青绿承载的技艺——走近青铜时代

哇！飞机起飞啦，好高、好快、好稳啊！灵析乘坐着大飞机，一边感慨着，一边回想自己曾经组装过的用树脂材料制作的飞机航模，陷入了沉思中。咦，看来我们乘坐的飞机，跟我组装的飞机航模，从材质上来看还是有很大差别的呢。

显然，真实的飞机主体结构是非常坚固、质量较轻且不易变形的材料。

图 5-1　树脂材料的飞机航模

你好，请问飞机的主体结构是什么材料？

飞机的主体结构使用了多种材料，主要包括以下几类：

铝合金

具有质量轻、强度高、耐腐蚀等优点，是飞机主体结构中应用最广泛的材料，如机身、机翼等部位常用铝合金制造。

钛合金

钛合金强度高、耐高温、抗腐蚀性能好，但成本较高。常用于飞机的发动机部位、起落架等对强度和耐热性要求较高的部件。

高强度钢

高强度钢强度高、韧性好，能够承受较大的载荷。常用于飞机的起落架、机翼大梁等关键部位。

图 5-2　运用 AI 搜索学习知识

我来通过 AI 搜索一下，看看飞机的主体结构是什么材料！

哦，主要是铝合金、钛合金，看来都和金属有关哦！那么金属都有什么性质呢？合金又指的是什么材料呢？让我们在旅行中释疑解惑，一起探究金属世界的奥秘吧！

灵析来到了本次旅行的目的地——宝鸡青铜器博物院，让我们跟灵析一起走近“青铜时代”，了解那一抹青绿所承载的技艺吧！

图 5-3　宝鸡青铜器博物院

宝鸡青铜器博物院是一家以青铜器文物为主要展品的博物馆，我们先来打卡这里的镇院之宝——“何尊”。据说，这件青铜器文物上有“中国”二字最早的文字记载哦！

找到啦！在这里！青铜、青铜，果然是青绿色的外观呢。

文物名片

何尊

“何尊”是西周早期贵族“何”铸造的一件青铜酒器，通高 38.5 cm、口径 29 cm、圈足底径 20×20 cm，重 14.6 kg。

“何尊“是西周早期成王时的铜器，其内底铸铭文 12 行 122 字，记载了成王在其亲政五年时，于新建成的东都洛邑对其下属“宗小子”的训诰。这段铭文记载了周成王营建洛邑，建筑陪都的重要历史事件，极具史料价值，而其中“宅兹中国”(大意为我要住在天下的中央地区)更是“中国”最早的文字记载。

图 5-4　何尊

真是被古人制作的精美青铜器震撼到了，那么青铜器是由铜制作的吗？可是铜是红色的，为什么这里看到的青铜器文物是青绿色的呢？我们来听听讲解员的介绍吧！

图 5-5　铜板

资料卡片

青铜器

青铜器之所以被称为“青铜”，是因为其主要合金成分和外观特征。刚刚制作成型的青铜器，其颜色可能并不统一，因为铜合金的颜色会受到其成分、铸造工艺以及冷却速度等多种因素的影响。一般来说，新铸造的青铜器可能呈现出金黄色、橙黄色或者青灰色等不同的颜色。

经过几千年的时间，青铜器表面的颜色会变成青绿色，这是因为铜与土壤、水分以及空气中的氧气、二氧化碳等发生了化学反应，生成了碱式碳酸铜这一青绿色的化合物。

小贴士

碱式碳酸铜

碱式碳酸铜 [$Cu_2(OH)_2CO_3$]，又名铜锈、铜绿，是孔雀绿色细小无定形粉末。铜与空气中的氧气、二氧化碳和水蒸气等物质反应，会生成碱式碳酸铜，其反应用化学方程式表示：

$$2Cu + CO_2 + H_2O + O_2 = Cu_2(OH)_2CO_3$$

图 5-6 碱式碳酸铜

哦，原来青铜器的成分并不是纯铜，而是铜的合金，难怪它们的颜色和纯铜是不一样的。可是，这里说的合金又是什么材料呢？

资料卡片

合金

合金是指一种金属与另一种或几种金属或非金属经过混合熔化，冷却凝固后得到的具有金属性质的固体产物。

人类生产合金是从制作青铜器开始，中国是世界上最早研究和生产合金的国家之一，在商朝（距今 3000 多年前）青铜（铜锡合金）工艺就已非常发达。

图 5-7 不锈钢管

多数合金熔点低于其组分中任一种金属的熔点，而合金的硬度一般比其组分中任一金属的硬度大，合金的颜色也会与所组成金属的颜色不同。常见的合金中，黄铜是铜和锌的合金，青铜是铜和锡的合金，现代生产、生活中常用的钢铁，是一种铁与碳形成的合金。

家庭小实验

你知道吗？利用家庭中的一些常见物品也可以实现让铜制品“快速”变成“青铜器”哦！大家来试一试吧！

实验用品

铜片

食盐

白醋

玻璃容器

实验步骤

1. 在玻璃容器中放入长条状的铜片。

2. 向容器中加入适量的白醋，让一半的铜片浸入白醋中为宜。

3. 向容器中加入一小勺食盐，并搅拌均匀。

4. 让铜片在醋和食盐的混合液中浸泡（一半浸入混合液中，一半曝露在空气中）。

观察并记录

定期检查铜片的变化，并记录实验现象。

时间	刚刚放入	1 h 后	24 h 后	48 h 后
现象				

实验反思

生活中若想防止铜制品表面生成铜锈，可以怎么做呢？

了解了青铜器青绿色的成因，我们继续回到古代。在 3000 多年前的夏商周时代，古人们又是怎么制作青铜器的呢？让我们跟着灵析一起，了解一下青铜器的制作过程吧！

图 5-8　古代青铜器制作的全场景

青铜器的制作主要包括开采、冶炼、铸造等步骤。

开　采

冶　炼

铸　造

开采：古人一开始都是从自然界寻找材料，因为颜色鲜艳容易被发现，人们很快在自然界找到了主要成分为碱式碳酸铜的孔雀石（因为其成分的颜色与绿孔雀的羽毛类似，故得此名）。

冶炼：将孔雀石投入炉火中，在木炭存在的情况下加热到约 1000 ℃ 左右，粗铜（含杂质的铜）便经由氧化还原反应而制得，这一过程用化学方程式可表示：$Cu_2(OH)_2CO_3 + C \xlongequal{\text{高温}} 2Cu + 2CO_2\uparrow + H_2O$，这也是人类历史上最早运用化学的方法来冶炼金属。

接下来，粗铜被放入熔铜设备中进行熔化精炼，且根据所要铸造的器具种类不同，加入一定比例的锡等金属来调节青铜的性能。

铸造：将熔炼好的液态金属倒入预先制作好的模具中。模具通常是用陶土或其他材料制成的，具有一定的形状和纹饰。液态金属在模具中冷却凝固后，形成青铜器的毛坯。

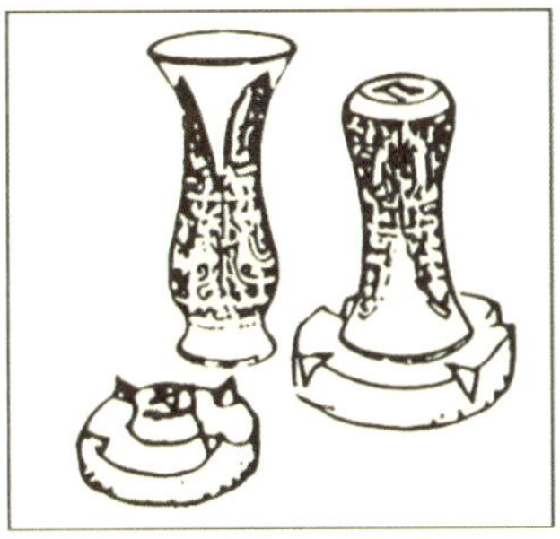

（1）以泥土制出器物之“模”

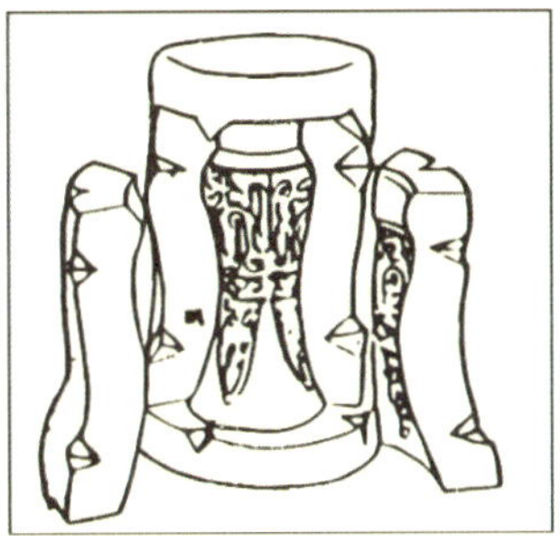

（2）根据“模”翻制出“外范”

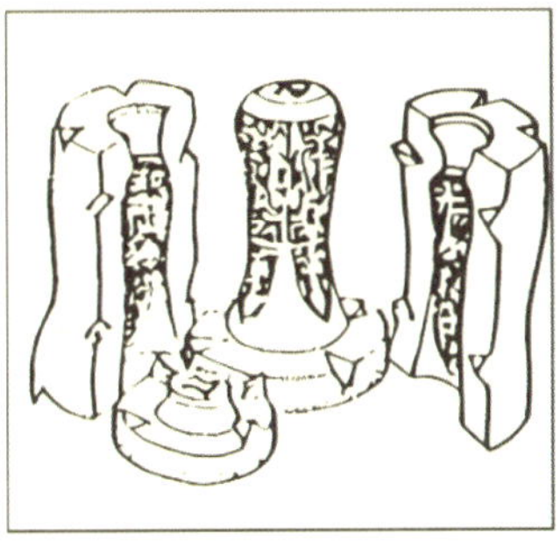

（3）将“外范”切开后除下

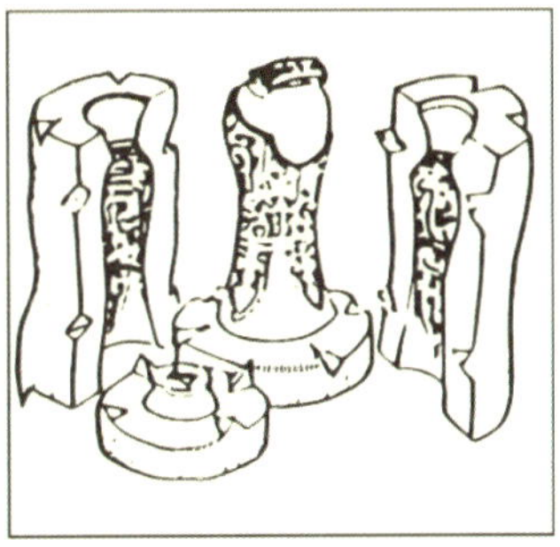

（4）削刮“模”制作泥芯

图 5-9　铸造步骤

然后再经过修整、装饰、抛光等步骤，一件精美的青铜器就制作完成了。这个过程不仅展示了古代工匠的智慧和技艺，也体现了他们对美的追求。

资料卡片

青铜器制作中的颜色变化

几种金属的焰色：

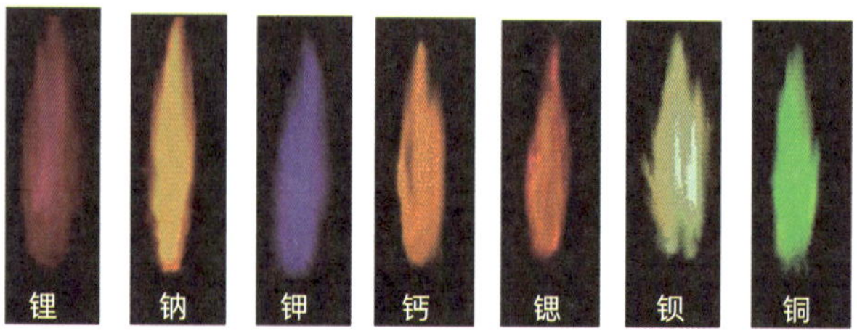

Li	Na	K	Ca	Sr	Ba	Cu
紫红	黄	紫	砖红	洋红	黄绿	绿

《周礼·考工记》有文字记载道：“凡铸金之状，金与锡黑浊之气竭，黄白次之；黄白之气竭，青白次之；青白之气竭，青气次之；然后可铸也。”在这里“金”即指铜，铜锡合金在精炼过程中，先是原料中所附着的碳氢化合物进行燃烧，生成黑浊的气体；接下来随着温度的升高，一些氧化物、硫化物和金属挥发出来，形成黄白、青白之气；当这些杂质都变成气体挥发之后，火焰呈青色时，青铜就制得了。“炉火纯青”一词就来源于此，指青铜精炼时的火候温度，**这种根据火焰的颜色来进行判断的方法，也被视为化学中用“焰色试验”来鉴别元素的开端。**

在中国，青铜时代大体是指夏商周三代，此时世界范围内的青铜冶炼工艺均为类似前面介绍的**火法炼铜**，这一工艺直至我国**湿法炼铜**的技术发明后才被改变。

图 5-10　湿法炼铜

最早在西汉刘安的《淮南万毕术》中曾有“曾青化铁为铜”的记载，曾青又称胆矾（$CuSO_4 \cdot 5H_2O$），指天然硫酸铜或其他可溶性铜矿物。将铁放入胆矾溶液中，发生置换反应，胆矾里的铜离子被金属铁置换制得单质铜，反应的过程用化学方程式表示：$CuSO_4 + Fe = FeSO_4 + Cu$。到宋代时，湿法炼铜被广泛应用于生产，并成为我国生产铜的主要方法之一。

走进化学实验室

湿法炼铜的过程显然比火法炼铜简单一些，而且不需要加热等条件。让我们走进化学实验室，感受一下湿法炼铜的过程吧！

实验名称： 模拟古代“湿法炼铜”

实验用品： 硫酸铜溶液、砂纸打磨过的铝丝、试管、砂纸、镊子等

硫酸铜溶液

铝丝

实验步骤

把一根用砂纸打磨过的铝丝，整理成螺旋状后，浸入硫酸铜溶液中，过一会儿取出，观察现象。

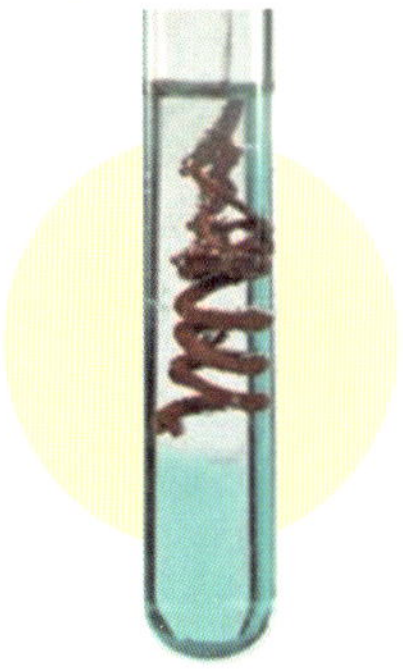

实验记录

	现象	化学方程式
铝丝浸入硫酸铜溶液中		

思考与交流

实验室模拟“湿法炼铜”选用了铝丝，主要是因为与铁相比，铝与硫酸铜溶液的反应速率更快、现象更明显。由此你能比较出铝、铁、铜，三种金属的活动性相对强弱吗？

资料卡片

人类文明与材料发展历史

这一时期人类还处于原始社会的阶段，人们主要依靠石器、木器等来满足生活和生产的需求。所以这个时代被称作石器时代。

随着技术的进步，人类由青铜时代进入了铁器时代，铁制品的广泛使用使得人类社会迈入一个新的阶段。铁的冶炼和加工技术的发展，为人类社会的发展带来了更多的机会和挑战。随着科学技术的不断进步，现代金属工业得到了迅猛发展。

随着时代的演进和人类智慧的开拓，金属逐渐成为人类文明中的重要角色。青铜时代是金属发展史中的一个重要转折点。这一时代人类学会了熔炼、铸造和锻造等技术，社会生产力得到了提升。

人类对金属的认识和应用不断深化，新的金属合金和材料的出现使得人类社会的科技水平得到了极大提升，推动了航空航天、电子通信、能源开发等领域的快速发展。

图 5-11　人类文明与材料发展历史

金属材料的发现和使用是人类文明起源和进步的重要标志之一。通过阅读上述资料卡片的内容，请你分析：人类文明进程为什么先经历了青铜时代，然后到铁器时代，之后才是铝的发现和使用？结合你的理解，说说你的想法。

反思与评价

通过化学反应我们可以探究金属的活动性，一般来说，**金属活动性较强的金属可以在一定条件下制备出金属活动性相对较弱的金属**。实验室模拟“湿法炼铜”，观察到的现象可证明：**铝的金属活动性比铜强**。

银也是一种常见的金属，人类历史上对银的使用比铜还要早。请你结合所学知识，仿照实验室“湿法炼铜”，思考是否可以实现“湿法炼银”？请你设计一个实验来完成，并绘制出简单的装置图。

可选实验用品			
铜丝	银丝	硫酸铜溶液	硝酸银溶液
		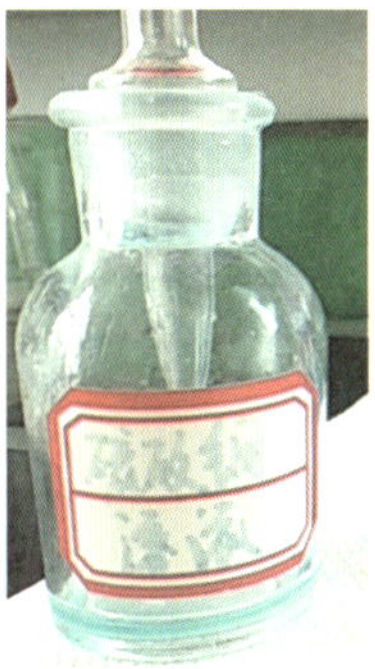	

画出实验装置图：

思考与交流

结合实验对比，请你判断铜、银、铝、铁的金属活动性顺序。

思维训练

1. 通过这一部分的阅读和学习，请你对青铜器的制造过程和青绿色的成因进行梳理。

2. 结合生活实际经验，请你梳理对铜的物理性质和化学性质的认识。

了解了青铜时代，接下来我们要去探秘铁器时代。下一站我们的目的地是河南博物院，那里有一把“玉柄铁剑”，据说是镇馆之宝哦！

第2节　玉柄尚在，铁剑何如——探秘铁器时代

伙伴们，走过了青铜时代，我们跟灵析一起走近铁器时代吧！来到河南博物院，我们一起探秘号称“中华第一剑”的“玉柄铁剑”吧！

哇，终于找到了，玉柄铁剑在这里呢！赶快跟我一起打卡吧！咦？这把玉柄铁剑怎么跟我想象的不一样呢？貌似玉柄尚在，但是铁剑却失去了本来的面目。这是怎么回事呢？

图 5-12　玉柄铁剑

带着疑问，我们先来听听讲解员对这件展品的介绍吧！

文物名片

玉柄铁剑

（朝代：西周晚期）

玉柄铁剑出土于河南三门峡虢（guó）国国君虢季的墓葬，全长 37 cm，其中剑柄长 13 cm，剑身长 24 cm。剑柄为铜芯，起到连接剑柄和剑身的作用，铜芯外镶有和田美玉和绿松石，并有精美的竹节饰纹，剑身和剑柄的结合处也镶有绿松石。这把玉柄铁剑不仅制作精美，而且其利用玉、铜、铁三种材料制作而成，是我国目前考古发掘出土的年代最早的人工冶铁制品。它的发现将我国的人工冶铁历史推前了近两个世纪，所以被专家们誉为“中华第一剑”。

哇！玉柄铁剑原来是集玉柄、铜芯、铁身于一体啊！

上一站我们认识的青铜器文物“何尊”制造于西周早期，而这把“玉柄铁剑”则是西周晚期的文物，它的发现，标志着作为社会生产力新代表的铁器已经萌芽，预示着我国由青铜时代迈进铁器时代。

其实早在商代和西周初年，我国人民就开始使用陨铁了。西周晚期，又出现了名为“块炼法”的冶炼技术。但用这种方法冶炼的铁块数量少，且质量差，往往需经相当长时间的锻打才能制成铁器。

资料卡片

块炼法

“块炼法”是将铁矿石和木炭一层夹一层地放在炼炉中，点火焙烧，在 650 ℃至 1000 ℃下，利用**木炭的不完全燃烧产生一氧化碳，把铁矿中的氧化铁还原成铁**。

图 5-13　块炼法炼铁

图 5-14　打铁

哇，看来这把玉柄铁剑在当时一定相当贵重呢！

确实是这样，因为冶炼技术的不发达导致铁的产量很少，所以铁在当时属于极为贵重的金属。直到战国时期，这一情况才发生了明显的转变，铁器逐渐取代铜器成为主要生产工具。秦朝时期，“高炉炼铁”成为一种经济而有效的炼铁方法，这一方法一直沿用至今。接下来我们一起来了解一下高炉炼铁的基本原理吧！

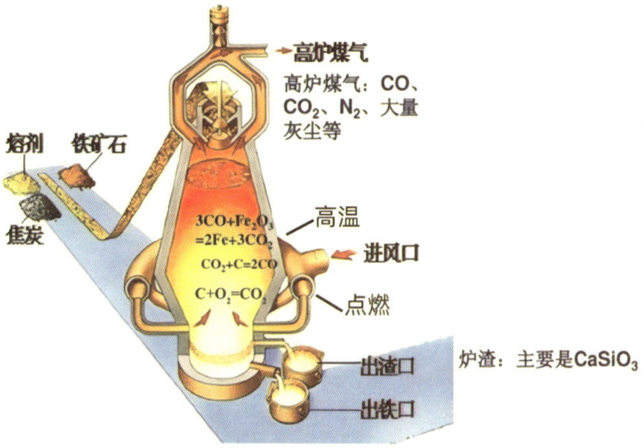

图 5-15　高炉结构图

高炉炼铁最核心的步骤也是用一氧化碳还原氧化铁哦！

是的，高炉炼铁与“块炼法”的化学原理有相似之处，但高炉炼铁在规模、效率、产品形态以及反应条件上都比“块炼法”更为复杂和先进。

小贴士

一氧化碳还原氧化铁

早在春秋战国时期，我国就开始生产和使用铁器，从 1 世纪起，铁便成了一种最主要的金属材料。

炼铁的原理是利用一氧化碳与氧化铁的反应。在实验室里，可以利用图 5-18 所示的装置进行实验。从实验中可以看到，**玻璃管里的粉末由红棕色逐渐变黑，这种黑色的粉末就是被还原出来的铁；试管里澄清石灰水变浑浊，证明有二氧化碳生成**。反应的化学方程式：

$$Fe_2O_3 + 3CO \xlongequal{\text{高温}} 2Fe + 3CO_2\uparrow$$

图 5-16　明代宋应星所著《天工开物》中的古代炼铁图

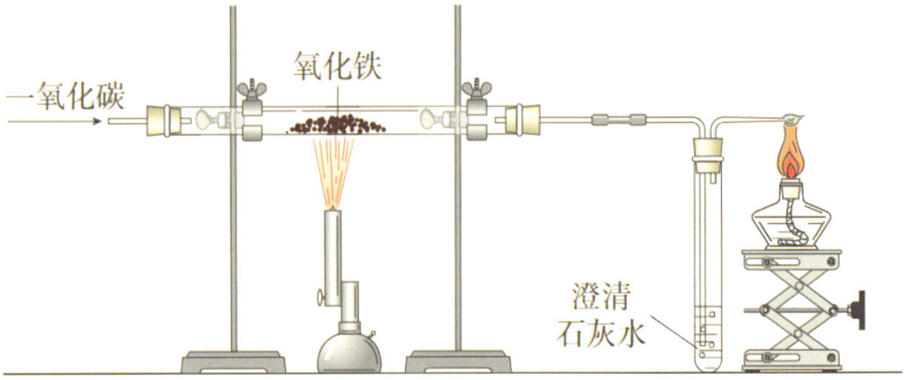

图 5-17　一氧化碳还原氧化铁

现在我知道“玉柄铁剑”的“铁剑”是怎么锻造的了！但是，它为什么变成了现在这个样子呢？我们来一起了解一下铁的性质吧！

资料卡片

铁的性质

铁（Fe）是一种银白色有金属光泽的金属，铁的密度大约为 7.87 g/cm^3，熔点约为 1538 ℃，具有良好的导电性、导热性以及一定的延展性和可塑性。

图 5-18　银色铁片

铁是一种活动性较强的金属，可以在酸中溶解，并产生氢气。铁与盐酸反应的化学方程式：$Fe + HCl$ ══ $FeCl_2 + H_2\uparrow$。

图 5-19　生锈的金属部件

当铁与潮湿空气中的氧气接触时，会发生缓慢的化学反应，形成氧化物，从而导致铁器的表面出现铁锈（主要成分为氧化铁，化学式为 Fe_2O_3）。铁制品所处的环境也可能影响其锈蚀过程，例如，铁制品被埋藏在土壤中，土壤中的水分、盐分以及其他化学物质都可能加速铁的氧化过程，导致锈蚀现象更加严重。

哦，怪不得呢！铁剑是出土文物，它在土壤环境中历经了千年，已经与其中的氧气和水发生了化学反应，从而生成了铁锈！

生活中我们应该都见过生锈的铁制品，你能举些生活中的例子吗？

图 5-20　生锈的菜刀、生锈的自行车链条、生锈的门窗

我们能不能在家里做个小实验，模拟一下铁制品生锈的过程呢？让我们试一试吧！

家庭小实验

实验名称：铁锈的生成

实验用品

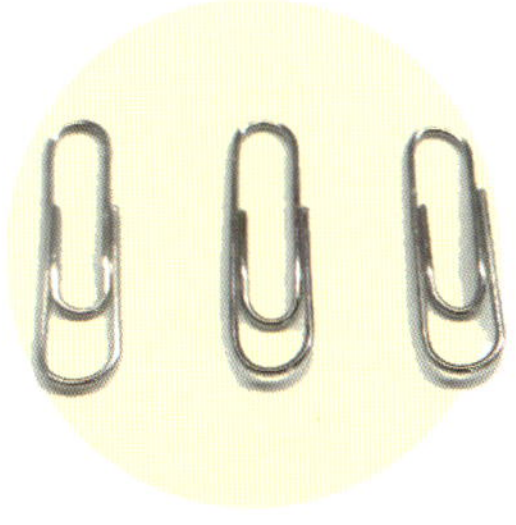

铁质回形针若干

食盐

玻璃容器

实验步骤

（1）向盛有水的玻璃容器中加入 3 小勺食盐，用筷子搅拌，使其充分溶解。

（2）把铁质回形针加入上述溶液中，观察并记录实验现象。

图 5-21　食盐水

观察并记录

时间	刚放入	1 h 后	12 h 后	24 h 后
现象				
取出回形针，用水冲洗干净后，擦干表面的液体，观察回形针的表面。				

回形针真的生锈了呢！不过，回形针表面生成的铁锈好像并不牢固，用纸一擦就掉了。我们有什么日常简单的方法来去除铁锈呢？让我通过 AI 来搜索一下吧！

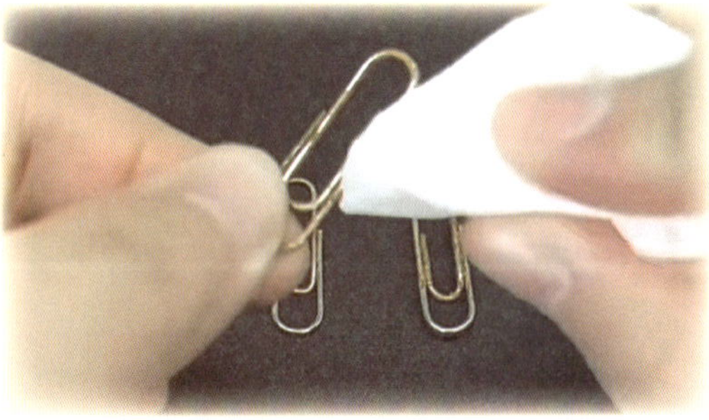

图 5-22　擦拭铁锈

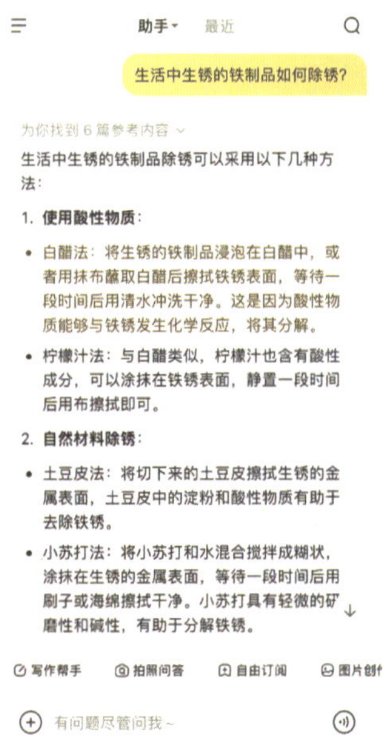

图 5-23　运用 AI 搜索学习知识

哦，原来生活中有很多除铁锈的方法，有些方法看起来还很容易操作呢！我们也来试一试吧！

实验名称：铁锈的去除

实验用品：白醋、生锈的回形针、玻璃容器等

实验步骤

（1）向玻璃容器中加入适量的白醋（大概两指宽的高度）。

（2）把生锈的回形针放入白醋中，观察现象。

白醋

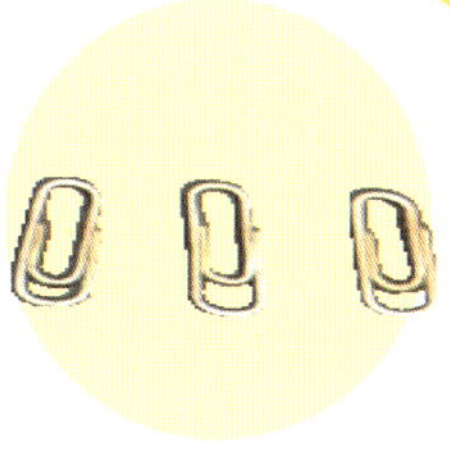

回形针

观察并记录

时间	刚放入	1 h 后	12 h 后	24 h 后
现象				

思考与交流

是否可以用上述方法让“玉柄铁剑”恢复原貌呢？说说你的看法。

接下来，我们从化学角度来了解一下铁锈中的主要成分——氧化铁的性质吧！

小贴士

氧化铁

铁锈的主要成分是氧化铁（Fe_2O_3），**氧化铁**是红棕色、质地疏松的固体，附着于铁的表面。

氧化铁能溶于盐酸（或硫酸、醋酸）等常见的酸中，生成相应的盐和水。

氧化铁与盐酸反应的化学方程式：

$$Fe_2O_3 + 6HCl = 2FeCl_3 + 3H_2O$$

图 5-24　生锈的铁链

看来，想要让“玉柄铁剑”恢复原貌，是不能直接用酸来除锈的。铁剑经过几千年的侵蚀，从外到内都已经锈蚀了。如果浸泡在酸中，不但会让铁锈溶解，也会导致内部的铁质剑身溶解哦！文物的保护和修复真是一门大学问啊！

不知道大家是否还记得：“玉柄铁剑”的玉质剑柄与铁质剑身是依靠铜质的内芯连接起来的。其实“玉柄铁剑”的锈蚀也与这个铜芯有着很大的关系呢。让我们一起来了解一下吧！

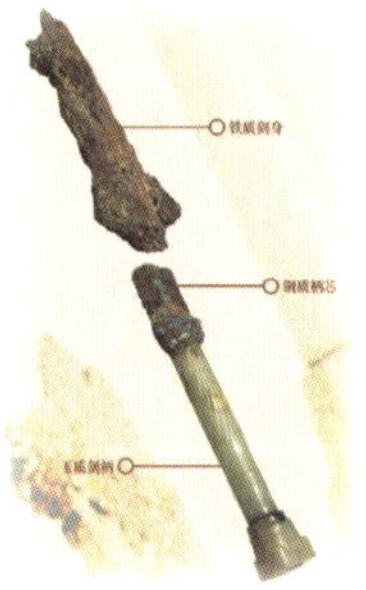

图 5-25　玉柄铁剑

小贴士

金属的电化学腐蚀

不纯的金属跟电解质溶液接触时，会发生原电池反应，比较活泼的金属易失去电子而被氧化，这种腐蚀叫作电化学腐蚀。

如：生铁（铁碳合金）露置在潮湿的空气中，相当于形成了无数个微小的原电池装置，铁是比较活泼的金属，潮湿的空气相当于电解质溶液，碳相当于接受电子的导体（如果换成铜等不活泼的金属，起到的作用与碳相同）。如果把铁与碳（或铜）之间的直接接触想象成有导线（导体）连接，则可以用如图 5-27 所示的装置图来表示其原理。

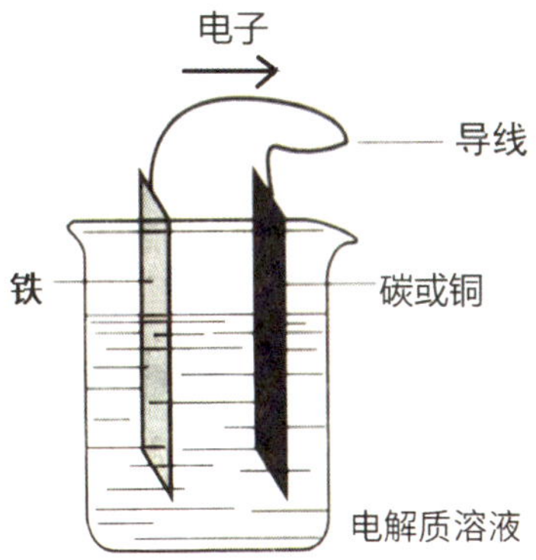

图 5-26　原电池装置

“玉柄铁剑”的铜芯和铁质剑身的搭配，使其在潮湿的空气中容易发生电化学腐蚀，从而加速了锈蚀的过程。当然，因为当时的炼铁水平不高，铁剑本身也不是纯度高的金属铁，所以其表面也相当于形成了无数个微小的原电池，经历千年变化形成如今的样子，也就不足为奇了。尽管如此，玉柄铁剑的锈蚀并没有减少其历史价值和文化意义，反而因其独特的锈蚀状态和历史背景，成了研究古代冶铁技术和文化的重要物证。

我知道啦！“玉柄铁剑”的铁身和铜芯构成的电化学反应是由于铁比铜活泼，所以铁的锈蚀加快。那么按照这个思路，我们换一个比铁更活泼的金属，是不是就能保护铁了呢？

大家可以说一说自己的想法哦！

通过探秘铁器时代，我们了解到了铁制品在潮湿空气中容易锈蚀。接下来让我们走进化学实验室，探究一下铁制品的锈蚀条件吧！

走进化学实验室

实验名称： 探究铁制品的锈蚀条件

实验用品： 洁净无锈的铁钉、试管、经煮沸迅速冷却的蒸馏水、植物油、棉花和干燥剂氯化钙等

▶ 实验步骤

实验 A	实验 B	实验 C
把洁净无锈的铁钉放入试管中，向试管中加入约 3 mL 煮沸且冷却的蒸馏水（铁钉一部分浸入水中，一部分曝露于空气中）	另取一试管，重复 A 的操作后（注意：实验 B 加入的蒸馏水要没过铁钉），再向其中倒入约 1 mL 植物油	再另取一试管，向其中加入洁净无锈的铁钉，用适量棉花包裹氯化钙固体，放置于试管口内的上方，并塞上橡胶塞
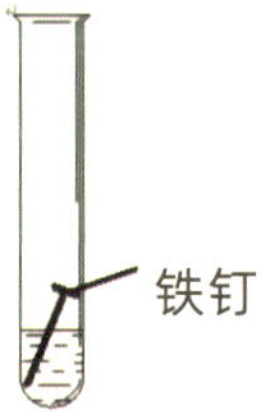	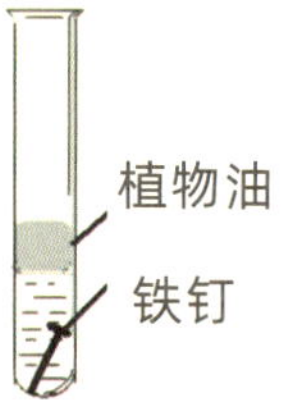	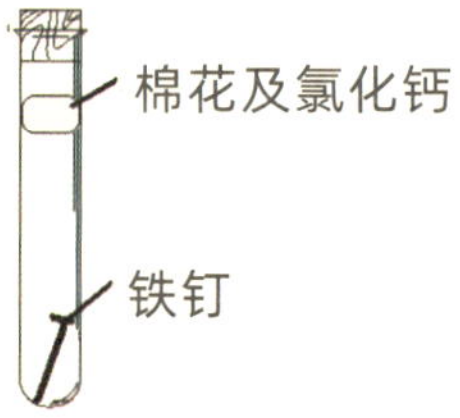

实验记录

注意每天观察铁钉锈蚀的现象，连续观察约一周，认真做好记录。

实验记录	实验 A	实验 B	实验 C
第一天			
第二天			
第三天			
第四天			
第五天			
第六天			
第七天			

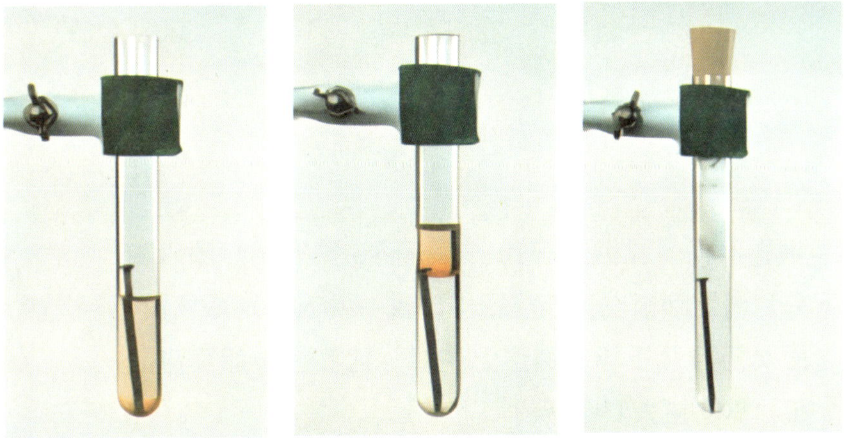

图 5-27　铁钉锈蚀图示

思考与交流

1. 观察并记录七天后，你能否得出铁制品生锈的条件呢？

2. 本实验为什么要用煮沸并冷却的蒸馏水？说说你的理解。

反思与评价

了解了铁制品生锈的条件，我们换个思维方式来分析问题，如何防止生活中的铁制品生锈呢？请你设计一些方法来实现并进行分析。

思维训练

1. 通过这一部分的阅读和学习，请你对铁制品的冶炼过程和铁制品生锈的成因进行梳理。

2. 结合生活实际经验，请你梳理对金属铁的物理性质和化学性质的认识。

探秘了铁器时代，我们了解到了“玉柄铁剑”不复原貌的原因，接下来我们继续出发，前往四川广汉——三星堆博物馆，那里的黄金面具历经几千年仍然熠熠生辉，让我们一起穿越到古蜀时期，和面具的主人对话吧！

第3节 黄金面具——穿越千年与古蜀人的对话

我们来到了新一站的旅行目的地四川广汉——三星堆博物馆。快来和灵析一起，观赏那期待已久的黄金面具吧！

图 5-28 商青铜神树、商青铜立人像、商青铜兽面具

好期待啊！早就想来三星堆了，听说这里有很多很棒的文物呢！商青铜神树、商青铜立人像、商青铜兽面具……除了这么多的青铜文物以外，还有很多更加耀眼的文物呢！哇！终于看到了这个神秘的黄金面具！让我们先来听听讲解员的介绍吧！

文物名片

金面具（年代不详）

这副金面具出土时仅残存约半，重约 280 g，是目前三星堆遗址出土最重的金面具，宽约 23 cm，高约 28 cm。面具是**金银合金制品**，含金量约为 85%，含银量约为 13%～14%。其方形面部、镂空大眼、三角鼻梁以及宽大的耳朵等特征，与三星堆此前出土的金面具风格十分相似。据发掘者推测，它可能也是覆于铜头像或其他质地的面具之上的。

面具虽然只残存了一半，但是依然能够感受到其精美的制作，这副面具历经了几千年，还依然熠熠生辉，看来它可比铜器和铁器都要更耐腐蚀呢！不过，这是为什么呢？

要回答这个问题，要先来了解金面具的组成成分。文物名片上介绍了面具是含金量约为 85%，含银量约为 13%～14% 的**金银合金制品**，所以这个金面具并不是纯金制品，而是金与银等其他金属形成的合金。

为什么铜合金、铁合金历经千年后，其主要成分都发生了腐蚀，但是这件金银合金制品，却没有被腐蚀呢？我来通过 AI 搜索一下答案吧！

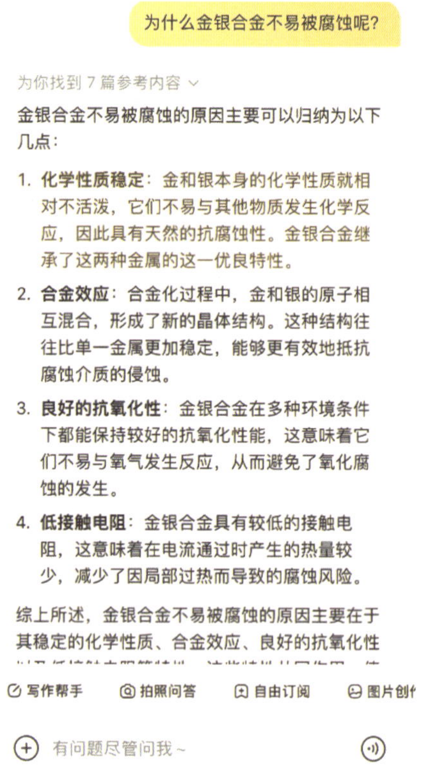
为什么金银合金不易被腐蚀呢？

为你找到 7 篇参考内容

金银合金不易被腐蚀的原因主要可以归纳为以下几点：

1. **化学性质稳定**：金和银本身的化学性质就相对不活泼，它们不易与其他物质发生化学反应，因此具有天然的抗腐蚀性。金银合金继承了这两种金属的这一优良特性。
2. **合金效应**：合金化过程中，金和银的原子相互混合，形成了新的晶体结构。这种结构往往比单一金属更加稳定，能够更有效地抵抗腐蚀介质的侵蚀。
3. **良好的抗氧化性**：金银合金在多种环境条件下都能保持较好的抗氧化性能，这意味着它们不易与氧气发生反应，从而避免了氧化腐蚀的发生。
4. **低接触电阻**：金银合金具有较低的接触电阻，这意味着在电流通过时产生的热量较少，减少了因局部过热而导致的腐蚀风险。

综上所述，金银合金不易被腐蚀的原因主要在于其稳定的化学性质、合金效应、良好的抗氧化性

图 5-29　运用 AI 搜索学习知识

哦，原来是因为金和银本身都属于化学性质相对不活泼的金属，所以它们即使形成合金，也继承了二者的天然抗腐蚀性能，因此才会历经千年而不变呢！

在三星堆博物馆还有一些镇馆之宝也是以金为主要材料打造的呢，让我们来一起欣赏吧！

文物名片

商戴金面罩青铜人头像

商（前 1600～前 1046）

铜人头像为平顶，头发向后梳理，发辫垂于脑后，发辫上端用宽带套束，具有浓郁的地方民族发式风格。金面罩用金皮捶拓而成，大小、造型和铜头像面部特征相同，眼眉部镂空，制作颇为精致，给人以权威与神圣之感。

商金杖

商（前 1600～前 1046）

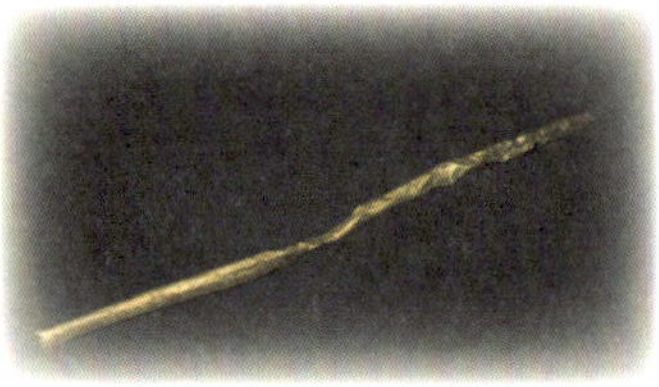

该金杖是已出土的中国同时期金器中体量最大的一件。金杖是用金条捶打成金皮后，再包卷在木杖上；出土时木杖已炭化，仅存金皮，金皮内还残留有炭化的木渣。在金杖一端，有长约 46 cm 长的图案。

仔细观察，这几件金制品都是被打造成薄薄的金皮，然后再制成相应的造型，这显然和我们前面见到的铜制品、铁制品的厚重感截然不同。能够被打造成薄薄的金箔，一定是因为金具有一些独特的性质。让我们来一起了解金的物理性质吧！

小贴士

金的物理性质

金属具有很多共同的物理性质。例如，常温下它们都是**固体**（汞除外），有**金属光泽**，大多数为**电和热的优良导体，有延展性，密度较大，熔点较高**。不同金属的物理性质也存在差异。

金是人类最早使用的金属之一，它呈金黄色、有光泽，但其表面颜色随杂质的种类和含量的不同而变化。金的密度为 19.32 g/cm^3，是自然界中**密度最大的元素**，金的熔点高达 1064 ℃，**金的延展性居所有金属之首**，1 g 纯金可拉成长达 3500 m 以上的细丝，可碾成厚度为 0.23×10^{-3} mm 的金箔。

原来金有着这样独特的物理性质。我们都知道，在生活中，金作为一种贵重金属，其价值远高于其他金属，那么它的地位一直如此吗？

当然有例外了！在 200 多年以前，铝可是比黄金还要贵重的金属。当时在法国宫廷的宴会上，只有皇帝拿破仑三世和他的皇室成员、贵族大臣才有资格使用铝质的餐具进餐，而其他客人只能使用普通的金质和银质餐具。拿破仑三世为了显示自己的尊贵和富有，还特意令人给他制造了一顶比黄金王冠更为名贵的王冠——铝王冠。

图 5-30　铝王冠

100 多年前，大化学家门捷列夫因编制元素周期表受到沙皇政府的表彰，还获得了一个用铝制作的奖杯。

现如今，铝是一种常见的金属，且科学家发现它是地壳中含量最高的金属元素，可为什么在 200 多年前，铝却比黄金还要贵重呢？

图 5-31　门捷列夫（俄，1834—1907）

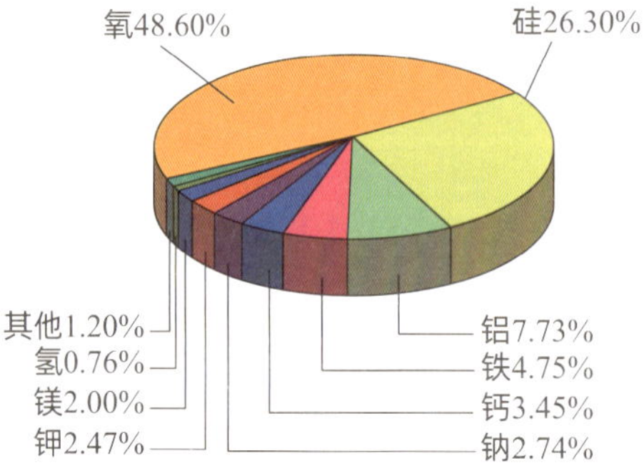

图 5-32　元素在地壳中的含量

图 5-33　自然界的铝土矿

铝元素在自然界主要以铝土矿（主要成分为氧化铝）的形式存在，200 多年前铝才刚被人类所利用，冶炼难度大、产量低造就了铝物以稀为贵的局面，致使当时的铝比黄金还贵重。

现如今，随着炼铝技术的发展，铝的价格已不再“高不可攀”，铝已经成为日常生产、生活中常见的金属材料。因为其质量较轻、形成的合金硬度较大的特点，常用作汽车、飞机等交通工具的主体材料；又因为其延展性好、易导电等特点，成为电力传输的理想材料。

看来，虽然金和铝都属于金属，但是它们在性质和用途上的差异还很大呢！让我们来一起研究一下不同金属的性质吧！

家庭小实验

实验名称： 金属的物理性质和化学性质

实验用品： 镁条、铝片（铝质易拉罐皮）、铁片（铁质易拉罐皮或铁钉）、铜片等金属；导线、干电池、小电珠；白醋；玻璃容器、磨砂纸等

1. 观察并描述金属的物理性质

金属	镁 	铝 	铁 	铜 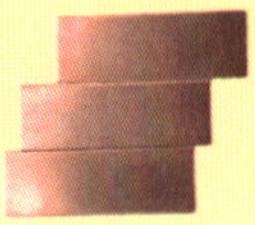
颜色和光泽				
是否容易被弯折、扭断				
与导线连接一节干电池和一个小电珠，观察电珠是否发光				

2. 探究金属是否溶于白醋

向玻璃容器中加入等量的白醋（约两指宽的高度），再分别把用砂纸打磨过的金属加入白醋中，观察并记录实验现象。

金属	镁条	铝片	铁片	铜片
现象				

思考与交流

通过上述实验现象，能否推测出以上几种金属的活动性强弱呢？说说你的想法。

小贴士

金属活动性顺序

人们在积累了大量实验证据的前提下，进行了认真的去伪存真、由表及里的分析，归纳和总结出了常见金属在溶液中的活动性顺序：

K Ca Na Mg Al Zn Fe Sn Pb (H) Cu Hg Ag Pt Au

金属活动性由强逐渐减弱

（1）金属的位置越靠前，它的活动性就越强。

（2）位于氢（H）之前的金属，能置换出盐酸（HCl）、稀硫酸（H_2SO_4）中的氢。

（3）位于前面的金属能把位于后面的金属从它们化合物的溶液里置换出来。（提示：前金换后金，化合物可溶，钾、钙、钠除外。）

知识小卡片

置换反应是指一种单质与一种化合物反应，生成另一种单质和另一种化合物的化学反应。

通过上述内容的学习，相信大家对于金属活动性已经有了一定的了解。如何利用实验的方法来判断金属活动性的强弱呢？我们可以总结如下：

（1）通过比较金属与酸反应的剧烈程度，越活泼的金属与酸反应越剧烈。

（2）通过金属与盐溶液的反应，活动性强的金属，可以把活动性弱的金属从它们的盐溶液中置换出来。

接下来，让我们走进化学实验室，来尝试完成一些探究实验吧！

走进化学实验室

实验名称：金属与氧气的反应

实验用品：镁条、铝片、铝箔、铁丝、铜丝（弯曲成螺旋状）、氧气（收集于集气瓶中）、广口瓶、镊子、酒精灯、蜡烛、火柴等

实验步骤

（1）用砂纸打磨一小段镁条和铝片，观察打磨前后的颜色并进行记录。

金属	打磨前	打磨后	放置一周后再观察
镁条			
铝片			

以上实验证明：____。

（2）探究金属与氧气的反应

资料：铝在空气中表面易被氧化生成致密氧化膜（成分为氧化铝），氧化铝具有高熔点。

操作	打磨后的镁条在空气中点燃	在酒精灯火焰上加热铝箔	在空气中加热铁丝后，伸入纯氧集气瓶中	在蜡烛火焰上加热铜丝
图示	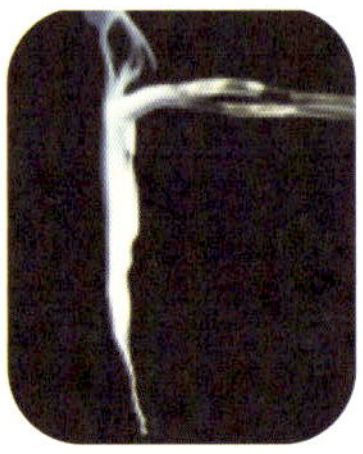			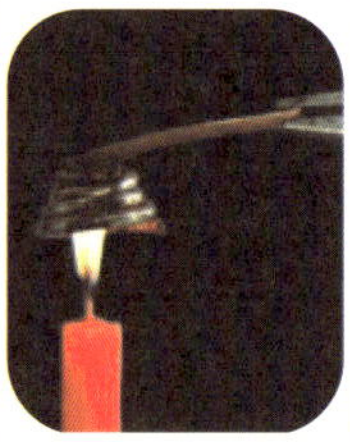
现象				

实验结论：综合以上实验，结合“真金不怕火炼”等生活经验，请你分析、比较镁、铝、铁、铜、金这五种金属的活动性强弱：________________________。

实验名称： 金属与盐溶液的反应

实验用品： 铝丝、铜丝、硫酸铜溶液、硝酸银溶液、试管若干、镊子、试管架

▶ 实验步骤及记录

操作	将铝丝浸入硫酸铜溶液中	将铜丝浸入硝酸银溶液中
图示		
现象		

实验结论：以上三种金属的活动性强弱：________________________。

思维训练

1. 真假金项链

小雨的妈妈花低价买了一条金项链，这条金项链质量较轻，佩戴了一段时间后，颜色也不再光鲜亮丽。小雨想通过实验探究这条金项链是否为锌铜合金，根据所学的知识，你有什么方法能够帮到她吗？

2. 不生锈的保温杯

小韩同学家中有一个内胆已破损的保温杯，放置了好几年的时间，也没有生锈的现象，出于好奇，小韩找出了同型号保温杯的说明书，并查阅资料进行研究，获得以下信息：

资料 1：该保温杯内胆材质为不锈钢，其成分为铁表面镀铬（Cr）。

资料 2：铬是一种银白色金属，在空气中能形成一层致密的氧化膜。

资料 3：铬能与稀硫酸反应，生成蓝色的硫酸亚铬（$CrSO_4$）溶液。

（1）请你分析不锈钢保温杯内胆镀铬的目的。

（2）设计实验验证内胆表面含有金属铬。

3. 通过这一部分的阅读和学习，你都掌握了哪些知识呢？能用思维导图进行梳理吗？

通过参观三个博物馆，我们了解了丰富多彩的金属世界，在接下来的旅行当中，我们又能发现些什么呢？让我们一起期待吧！

第六章 探秘酸、碱、盐奇境

本章概述

在化学的奇妙世界里，酸、碱、盐犹如三位神秘的使者，它们在不同的领域中展现出独特的魅力和作用。从大自然的鬼斧神工到生机勃勃的花园，从广袤的荒漠到严谨的实验室，酸、碱、盐无处不在。让我们跟随灵析的脚步，踏上一场充满惊喜与发现的化学之旅。在织金洞，探寻钟乳石背后的酸、碱密码，感受大自然的神奇创造力；在花卉培养基地，解密花园欣欣向荣的秘诀，领略酸、碱、盐对花卉生长的重要影响；在吉林大安，见证自然与人工的碰撞，体会酸、碱、盐在土地治理中的关键作用；最后，走进实验室，深入探究酸、碱、盐之间的反应，揭开化学世界的神秘面纱。

图 6-1　织金洞的美景

图 6-2　花园

图 6-3　荒漠

第1节　奇幻瑰丽的钟乳石——解锁自然界的酸、碱密码

灵析一直对大自然的奇妙景观充满了好奇与向往。这一次，她来到了神秘的贵州织金洞，准备开启一场探索自然奥秘的旅程。

当灵析踏入织金洞的那一刻，她被眼前的景象深深震撼了。巨大的石笋、石柱拔地而起，仿佛是大自然用石头雕刻出的巨幅雕塑。钟乳石从洞顶垂下，如同一串串晶莹剔透的珠帘，在灯光的照耀下闪烁着神秘的光芒。洞壁上，各种奇特的纹理和图案交织在一起，仿佛是大自然用画笔勾勒出的艺术画卷。

图 6-4　织金洞中千奇百怪的钟乳石

这真是大自然的鬼斧神工啊！这些钟乳石是怎么形成的呢？

我们一起来听一听讲解员的介绍吧！

资料卡片

钟乳石的形成

钟乳石的形成主要涉及碳酸钙与水和二氧化碳的反应。在自然界中，雨水溶解了空气中的二氧化碳，形成了弱酸性的碳酸。含有碳酸的雨水渗入地下，与石灰岩中的主要成分碳酸钙发生化学反应，生成碳酸氢钙，反应的化学方程式：$CaCO_3 + H_2O + CO_2 = Ca(HCO_3)_2$。这个反应使得石灰岩逐渐被溶解，形成了地下溶洞。

随着时间的推移，含有碳酸氢钙的水溶液在溶洞中缓慢流动。当遇到合适的条件，如温度升高或压强减小，碳酸氢钙会发生分解反应，重新生成碳酸钙、水和二氧化碳，反应的化学方程式：$Ca(HCO_3)_2 = CaCO_3\downarrow + H_2O + CO_2\uparrow$。碳酸钙逐渐沉积下来，形成了钟乳石、石笋和石柱等奇特的地质景观。

洞壁上的一些岩石呈现出不同的颜色，这是由于岩石中含有不同的金属矿物，在酸碱环境下发生了化学反应，产生了不同的颜色。

酸、碱对环境的影响这么大吗？灵析想象着这些化学反应在漫长的岁月里不断地进行，不禁好奇化学反应的神奇力量。说到酸和碱，到底什么是酸，什么是碱呢？酸是像碳酸这样的酸吗？在莫高窟里我们领略到了碳酸对文物的腐蚀，在博物馆里我们认识到了酸除锈的威力，还有哪些物质是酸？我们可以通过什么方法来鉴别酸和碱呢？

实际上，日常生活中还是有很多方面涉及酸和酸的应用的，比如家里的食醋里面含有醋酸，柠檬里面含有柠檬酸，我们的胃液里面含有盐酸，铅酸蓄电池里面含有硫酸等。那我们可以通过什么手段来鉴别某种物质是不是酸呢？让我们一起回忆一下之前做过的二氧化碳与水反应的实验吧！在二氧化碳与水反应的实验中，反应生成的碳酸使紫色石蕊溶液变成了红色。石蕊是一种酸碱指示剂，酸碱指示剂通常也简称指示剂，除了石蕊，酚酞也是常用的指示剂。接下来我们利用指示剂来做些小实验吧！

食醋中含有醋酸

柠檬中含有柠檬酸

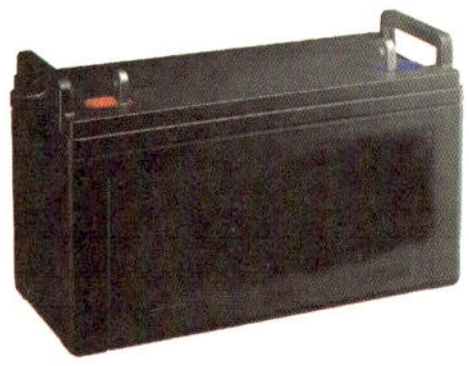
铅酸蓄电池中含有硫酸

图 6-5　生活中常见的酸

走进化学实验室

实验名称： 利用指示剂鉴别酸和碱

实验用品： 食醋、碳水、盐酸、氢氧化钠溶液、石蕊溶液、酚酞溶液、试管

实验步骤

将 8 支试管分成两组，每组的 4 支试管中分别加入少量食醋、石灰水、盐酸和氢氧化钠溶液。向其中一组试管中分别加入紫色石蕊溶液，向另一组试管中分别加入无色酚酞溶液。观察并记录实验现象。

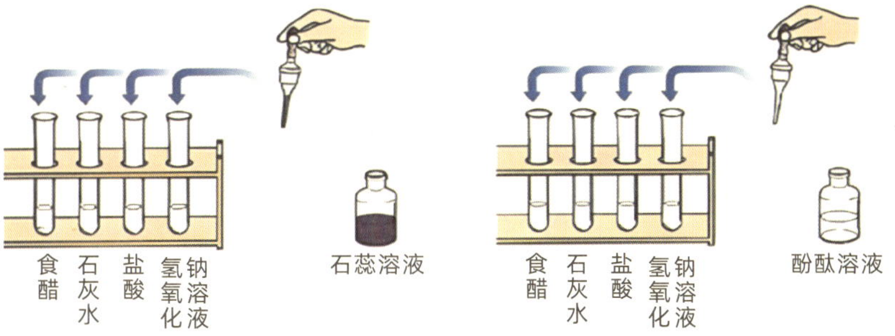

	加入紫色石蕊溶液后的颜色变化	加入无色酚酞溶液后的颜色变化
食醋		
石灰水		
盐酸		
氢氧化钠溶液		

哇，我发现了规律，酸能使紫色石蕊溶液变成红色；不能使无色酚酞溶液变色；碱能使紫色石蕊溶液变成蓝色，使无色酚酞溶液变成红色。酸和碱分别与指示剂发生反应，从而显示不同的颜色。那我们可以用酸碱指示剂来鉴别酸和碱，根据颜色变化判断它们属于哪类物质。酸碱指示剂真是我们认识物质的好帮手呢。

资料卡片

酸碱指示剂的发现

英国科学家波义耳在一次实验中不慎将浓盐酸溅到一束紫罗兰花的花瓣上，喜爱花的他马上进行冲洗，一会儿却发现紫色的花瓣变红了。惊奇的他没有放过这一偶然的发现，而是进行了进一步的实验和思考。结果发现，多种植物花瓣的浸出液遇到酸性溶液或碱性溶液都能变色，其中变色效果最好的是地衣类植物——石蕊，这就是最早使用的酸碱指示剂。之后，人们从地衣类植物中提取蓝色粉末状的石蕊色素，制成了酸碱指示剂。

图 6-6　紫罗兰花

哇，波义耳真的是一个严谨的科学家，能够在意外的现象中寻找伟大的发现，我一定向他学习，用认真严谨的态度对待科学。不过最令人吃惊的还是酸碱指示剂的来源，原来它是从花瓣中提取出来的，那我们能利用生活中的物质制成酸碱指示剂吗？

当然可以了，我们生活中好多种植物的花瓣或者果实中都含有能够做酸碱指示剂的物质，让我们一起来试试吧！

实验名称： 自制酸碱指示剂

实验用品： 花瓣、乙醇、水、研钵、纱布、白醋、石灰水、盐酸、氢氧化钠溶液

实验步骤

（1）取几种植物的花瓣或果实（如牵牛花、月季花、紫甘蓝等），分别在研钵中捣烂，加入酒精（乙醇与水的体积比为 1:1）浸泡；

（2）用纱布将浸泡出的汁液过滤或挤出，得到指示剂；

（3）观察指示剂在下列 4 种溶液中的颜色变化。

指示剂（汁液）	在不同溶液中的颜色变化			
	白醋	石灰水	盐酸	氢氧化钠溶液

比较所制得的指示剂中，哪些在酸、碱溶液中的颜色变化明显。

我明白了，除了紫色石蕊溶液和无色酚酞溶液，生活中很多花朵的浸出液都可以帮我们判断物质属于酸还是碱。有了判断物质是酸还是碱的方法，我们就先以工业生产中应用广泛的盐酸和硫酸为代表，认识一下酸的性质吧！

小贴士

盐酸和硫酸的用途

	用途
盐酸	重要化工产品。用于金属表面除锈、制造药物（如盐酸麻黄素、氯化锌）等；人体胃液中含有盐酸，可帮助消化
硫酸	重要化工原料。用于生产化肥、农药、火药、染料以及冶炼金属、精炼石油和金属除锈等。浓硫酸有吸水性，在实验室中常用它做干燥剂

实验名称：初识盐酸和硫酸

实验用品：盐酸、浓硫酸

实验步骤

（1）观察浓盐酸和浓硫酸的颜色和状态。

（2）分别打开盛有浓盐酸和浓硫酸的试剂瓶的瓶盖，观察现象并闻气味。

	盐酸（HCl）	硫酸（H_2SO_4）
颜色、状态		
打开试剂瓶后的现象		
气味		
密度	常用浓盐酸（37%～38%）1.19 g/cm^3	常用浓硫酸（98%）1.84 g/cm^3

注：由于浓硫酸具有强腐蚀性，所以这个实验请同学们不要自己操作，认真观看视频、记录现象。

纯净的浓盐酸是无色液体；打开试剂瓶时，瓶口出现白雾，那是因为浓盐酸易挥发，挥发出的溶质氯化氢与空气中的水蒸气结合，在空气中形成了盐酸小液滴，因此扇闻时有强烈刺激性气味。纯净的浓硫酸是无色、无味、黏稠的油状液体；打开试剂瓶后无明显现象，用手扇闻，也没有任何气味。

小贴士

闻物质的气味时，为了确保安全，应采取扇闻的方式。

浓硫酸具有强腐蚀性，它能腐蚀什么呢？

浓硫酸能夺取纸张、木材、布料、皮肤这些均由含碳、氢、氧等元素的化合物组成的物品中的水分，它是将这些物质中氢、氧元素按照原子个数比为 2:1 的形式脱去，这种作用又叫作脱水作用，使这些物质生成黑色的炭。接下来我们一起观看一下探究浓硫酸腐蚀性的实验吧！

实验名称：浓硫酸的腐蚀性

实验用品：浓硫酸、纸片、小木棍、布片、玻璃棒

实验步骤

将纸片、小木棍、布片放在玻璃片上，完成以下操作。

操作	放置一会儿后的现象
用玻璃棒蘸浓硫酸在纸上写字	
用小木棍蘸少量浓硫酸	
将浓硫酸滴到一小块布上	

注：由于浓硫酸具有强腐蚀性，所以这个实验请同学们不要自己操作，认真观看视频、记录现象。

观察实验可见，纸上出现了清楚的黑色的字；蘸过浓硫酸的小木棍也变成了黑色；布上被浓硫酸滴到的部位也变成了黑色。可见浓硫酸可以将物质脱水炭化。

工业上生产的硫酸为 98% 的浓硫酸，而实验室却常用稀硫酸进行科学研究，那怎样操作才能将浓硫酸安全地稀释呢？请大家再次观看实验，并分析这样操作的原因吧！

实验名称：浓硫酸稀释

实验用品：浓硫酸、水、烧杯、玻璃棒

实验步骤

将浓硫酸沿烧杯壁缓慢地注入盛有水的烧杯里，用玻璃棒不断搅拌，并用手轻轻触碰烧杯外壁，有什么感觉？

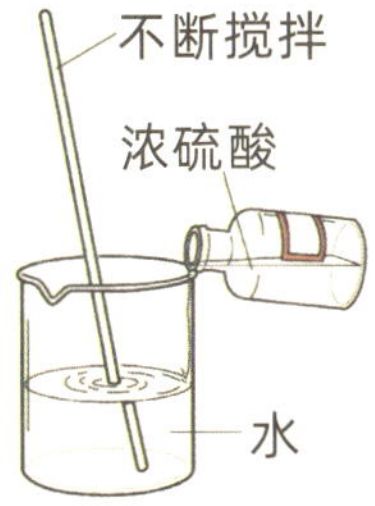

图 6-7　浓硫酸稀释的正确操作

图 6-8　浓硫酸稀释的错误操作

注：由于浓硫酸具有强腐蚀性，所以这个实验请同学们不要自己操作，认真观看视频、记录现象。

烧杯壁明显变热了，啊，我知道了，浓硫酸在倒入水中稀释时放出了大量的热。在稀释浓硫酸时，一定不能将水直接加到浓硫酸中，因为水的密度比浓硫酸小，水会浮在浓硫酸上面，溶解时放出的热量会使水沸腾，使硫酸液滴四处飞溅，这是非常危险的。因此稀释浓硫酸时，一定要把浓硫酸沿杯壁慢慢注入水中，并不断搅拌。

浓硫酸实在是太危险了，在使用时一定要注意安全，但万一不慎将浓硫酸沾到皮肤或衣服上，要怎么处理呢？

强腐蚀性是浓硫酸的性质，如果不慎将浓硫酸沾到皮肤或衣服上，应该立即用大量的水冲洗，然后再涂上 3%～5% 的碳酸氢钠溶液。

灵析在织金洞中漫步，感受着大自然的神奇与美丽，也在不断思索化学的奥秘。刚刚我们分别学习了盐酸和硫酸的部分性质，前文提到碳酸会与石灰岩中的碳酸钙发生化学反应，那么它们作为酸还能够与哪些物质发生化学反应呢？我们通过几个实验一起来学习一下吧！

实验名称： 酸的化学性质

实验用品： 稀盐酸、稀硫酸、石蕊溶液、酚酞溶液、生锈的铁钉、白色点滴板

（1）在白色点滴板上进行实验并观察现象。

	滴加紫色石蕊溶液	滴加无色酚酞溶液
稀盐酸		
稀硫酸		

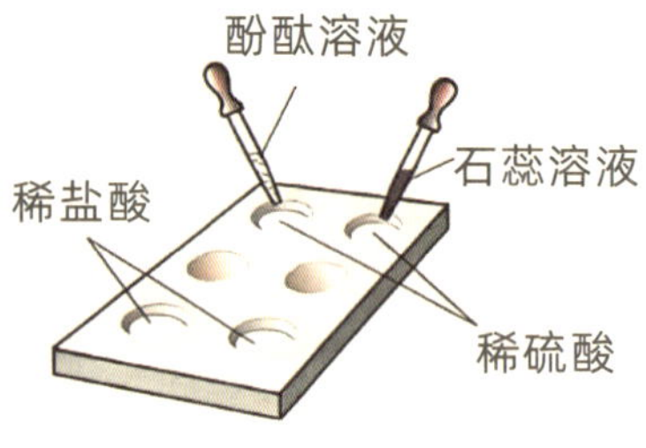

图 6-9　酸与指示剂作用

（2）回忆我们在第五章学习的几种金属分别与稀盐酸或稀硫酸的反应，写出化学方程式。

	与稀盐酸反应	与稀硫酸反应
镁		
锌		
铁		

（3）在盛有稀盐酸和稀硫酸的试管中分别放入一根生锈的铁钉（铁锈的主要成分是 Fe_2O_3），过一会儿取出铁钉，用水洗净，铁钉表面和溶液颜色有什么变化？

	现象	化学方程式
铁锈 + 稀盐酸		$Fe_2O_3 + 6HCl = 2FeCl_3 + 3H_2O$
铁锈 + 稀硫酸		$Fe_2O_3 + 3H_2SO_4 = Fe_2(SO_4)_3 + 3H_2O$

思考

①上述反应的生成物有什么共同之处？

②利用上述反应可以除去铁制品表面的铁锈，除锈时能否将铁制品长时间浸泡在酸中，为什么？

（4）根据以上实验和结论，尝试归纳出盐酸、硫酸等酸有哪些相似的化学性质。

稀盐酸和稀硫酸与金属反应时都生成了氢气；与铁锈反应时都生成了水，那说明稀盐酸和稀硫酸都能同活泼金属反应生成氢气，也都能与金属氧化物反应生成水，不同的酸为什么会有相似的化学性质呢？我们继续通过实验来分析吧！

实验名称：探究酸的共同性质的本质

如图所示，分别试验稀盐酸和稀硫酸的导电性，观察灯泡发光的情况。记录现象：____。

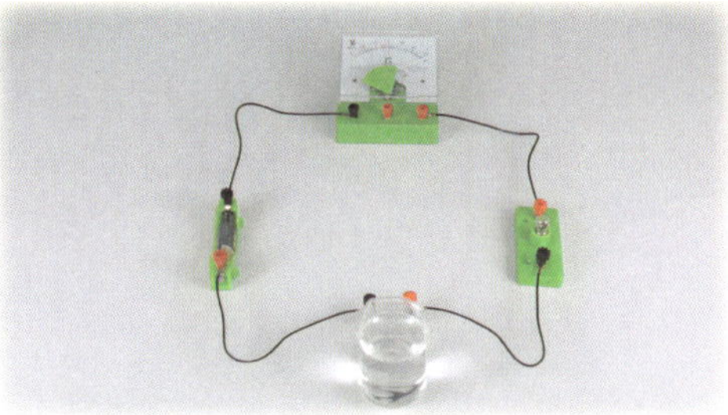

图 6-10　试验物质的导电性

哇，小灯泡都亮啦。那说明稀盐酸和稀硫酸都是能导电的。

是的，稀盐酸和稀硫酸能导电进一步说明稀盐酸、稀硫酸中都存在带电的粒子，那具体是什么呢？我们一起来看这张模拟图。

这张图是科学研究之后的微观粒子变化模拟图。从图中可以看到，HCl 在水中会解离出 H^+ 和 Cl^-。同样地，H_2SO_4 在水中会解离出 H^+ 和 SO_4^{2-}。像盐酸、硫酸这样的酸，在水溶液中都能解离出 H^+ 和酸根离子，即在不同的酸溶液中都含有 H^+，所以酸有一些相似的化学性质。

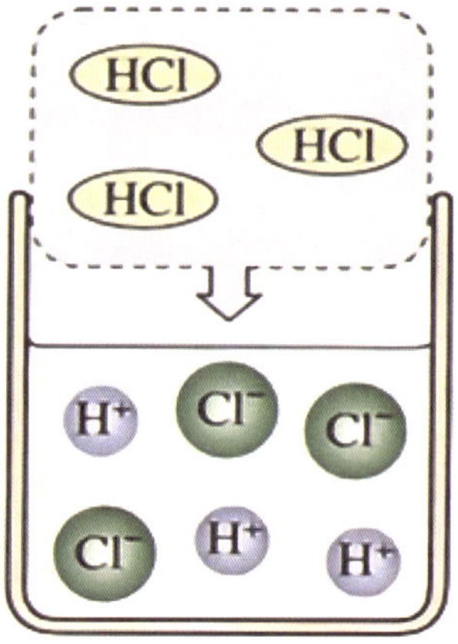

图 6-11　HCl 在水中解离出离子

原来酸在水溶液中都能解离出 H^+，那碳酸在水中也会解离出 H^+ 吗？

是的呢，碳酸也是一种酸，在水溶液中也会解离出 H+，只不过它与盐酸、硫酸不同的是，盐酸和硫酸在水溶液中完全解离，而碳酸在水溶液中部分解离，碳酸是一种弱酸，它的性质与盐酸和硫酸略有区别，也会更复杂一些，我们会在以后的学习中再详细地认识它。

我们一起探究了常见的酸及其性质，那常见的碱有哪些？它们又有什么性质呢？让我们跟着灵析一起去美丽的云南花海中探秘吧！

第2节　争奇斗艳的鲜花——解密花园欣欣向荣的秘诀

从织金洞出来后，灵析来到了一个美丽的花卉培养基地——云南斗南花卉基地。这里百花争艳，五彩斑斓的花朵如同一片绚丽的海洋。杜鹃花宛如一群身着盛装的仙子，簇拥在花园的一角；山茶花则像优雅的贵妇人，静静地伫立在花园中央；石竹花像是小巧玲珑的精灵，星星点点地散布在花园的各个角落；天竺葵则如同一团团燃烧的火焰，为花园增添了一抹浓烈的色彩，让人陶醉不已。

图 6-12　云南斗南花卉公园和绣球花

植物的生长需要营养物质，除此之外，土壤的酸碱度对花卉的生长也起着至关重要的作用。不同的花卉对土壤的酸碱度有不同的要求。有些花卉喜欢酸性土壤，如杜鹃花、山茶花等；而有些花卉则喜欢碱性土壤，如石竹花、天竺葵等。

图 6-13　杜鹃花

图 6-14　山茶花

对于喜欢碱性土壤的花卉，土壤的酸碱性就需要控制在一定的碱性范围里，可以通过施加石灰、草木灰等碱性物质来提高土壤的碱性。石灰的主要成分是氧化钙，它与水反应生成氢氧化钙，使土壤呈碱性，反应的化学方程式：$CaO + H_2O \xlongequal{} Ca(OH)_2$。草木灰中含有碳酸钾等碱性物质，也可以提高土壤的碱性。

图 6-15　石竹花

图 6-16　天竺葵

原来是这样啊！土壤的酸碱性会影响植物对营养成分的吸收，因此，要想花儿开得好，土壤的酸碱性就得控制好。

在上一节里，我们认识了常见的酸及其性质，还知道了石灰水和氢氧化钠溶液会使紫色石蕊溶液变蓝，使酚酞溶液变红色，氢氧化钙和氢氧化钠都是碱。接下来我们跟灵析一起来认识氢氧化钠和氢氧化钙这两种常见的碱吧！

资料卡片

氢氧化钠

氢氧化钠是一种常见的碱，俗名叫苛性钠、火碱或烧碱。氢氧化钠有强烈的腐蚀性，如果不慎沾到皮肤上，要用大量的水冲洗，再涂上硼酸溶液。

氢氧化钠是一种重要的化工原料，广泛应用于制取肥皂，以及石油、造纸、纺织和印染等工业。氢氧化钠能与油脂反应，在生活中可用来去除油污，如吸油烟机的油污清洁剂中就含有氢氧化钠。

原来氢氧化钠有这么多名字，每一个名字听起来都很厉害的样子，它之所以叫这些名字是因为它碱性很强，有较强的腐蚀性吗？我们一起通过实验来认识氢氧化钠吧！

走进化学实验室

实验名称：认识氢氧化钠

实验用品：氢氧化钠固体、水、表面皿、试管、药匙

实验步骤

用药匙取少量的氢氧化钠固体分别进行如下实验（切勿用手拿）。

实验	现象	分析
观察氢氧化钠的颜色和状态		
将氢氧化钠放在表面皿上，放置几天		
将氢氧化钠放入盛有少量水的试管中，并用手轻轻触碰试管外壁		

注：由于氢氧化钠有强腐蚀性，所以这个实验请同学们不要自己操作，认真观看视频、记录现象。

氢氧化钠是一种白色片状固体，曝露在空气中容易吸收水分，表面潮湿并逐渐溶解，这种现象叫作潮解。因此，氢氧化钠可用作某些气体的干燥剂。当它溶于水时会有放热的现象。

小贴士

氢氧化钠有强烈的腐蚀性，使用时必须十分小心，防止眼睛、皮肤、衣服等被它腐蚀。实验时戴好护目镜。

哈哈，原来氢氧化钠的其他名字真的是因为它的碱性很强。那氢氧化钙会有很多体现性质的名字吗？我好想知道啊！

资料卡片

氢氧化钙

氢氧化钙是一种常见的碱，俗称熟石灰或消石灰。氢氧化钙对皮肤和衣服也有腐蚀作用，使用时也要小心，最好戴上手套和护目镜。

氢氧化钙在生产和生活中有广泛的用途。建筑上用熟石灰与沙子、水泥混合来砌砖，用石灰浆粉刷墙壁；在树木上涂刷含有硫黄粉等的石灰浆，可保护树木，防止冻伤，并防止害虫生卵；农业上可用石灰乳与硫酸铜等配制成具有杀菌作用的波尔多液作为农药使用；熟石灰还可用来改良酸性土壤等。

图 6-17　树木上涂刷石灰浆和用石灰与沙子、水泥砌砖

哈哈，原来氢氧化钙也有其他名字，不过“消石灰”和“熟石灰”听起来可不像氢氧化钠的其他名字那样火爆，是因为性质吗？还是有其他原因？

趣味小课堂

氢氧化钙为什么叫“熟石灰”

氢氧化钙 [$Ca(OH)_2$] 可由生石灰与水反应得到。生石灰的主要成分是氧化钙（CaO），当氧化钙与水发生化学反应时，会放出大量的热，反应的化学方程式：

$$CaO + H_2O = Ca(OH)_2$$

这个过程就像是把“生”的氧化钙变成了“熟”的氢氧化钙。在建筑等行业中，这个反应很常见。例如，在建筑工地上，如果工人要使用石灰浆（主要成分是氢氧化钙）来粉刷墙壁，他们会先将生石灰加水。在加水的过程中，会看到有热气冒出，这就是因为发生了上述的放热反应。

太神奇了，原来熟石灰这个名字是相对生石灰来说的，也太形象了，那氢氧化钙有怎样的化学性质呢？我们也通过实验一起来认识一下吧！

实验名称： 认识氢氧化钙

实验用品： 氢氧化钙固体、水、CO_2、小烧杯、导管、药匙

实验步骤

取一小药匙氢氧化钙，观察它的颜色和状态，然后放入小烧杯中，加入约 30 mL 水，用玻璃棒搅拌，观察氢氧化钙在水中的溶解情况。静置，待上层液体澄清后取出澄清的溶液，向其中通入少量二氧化碳，观察现象。

	现象
颜色、状态	
在水中的溶解情况	
向澄清溶液中通入 CO_2	

氢氧化钙是白色粉末状物质，微溶于水，其水溶液俗称石灰水。当石灰水中存在较多未溶解的熟石灰时，就称为石灰乳或石灰浆。

当向澄清石灰水中通入 CO_2 时，会出现白色沉淀，这种白色沉淀是碳酸钙，它是氢氧化钙与 CO_2 反应的产物，反应的化学方程式：

$$Ca(OH)_2 + CO_2 = CaCO_3\downarrow + H_2O$$

碳酸钙难溶于水，在水溶液中生成时会以白色沉淀的形式出现，现象十分明显，所以澄清石灰水在实验室常用于检验 CO_2 气体。

灵析徜徉在花的海洋中，不断地思考：氢氧化钙和氢氧化钠一样，都属于碱，那它们是不是也像酸一样，有着一些相同的性质呢？让我们跟灵析一起通过实验来探究吧！

实验名称：探究碱的化学性质

（1）你还记得在上一节的实验中紫色石蕊溶液和无色酚酞溶液遇到氢氧化钠溶液和氢氧化钙溶液时显示什么颜色吗？

（2）回忆学过的反应

①回忆检验二氧化碳的反应，写出反应的化学方程式：____________________。前面提到的用熟石灰与沙子、水泥混合来砌砖，用石灰浆粉刷墙壁等用途，都是利用氢氧化钙的这一性质。

②氢氧化钠在空气中不仅吸收水分，还会发生以下反应：

$$2NaOH + CO_2 = Na_2CO_3 + H_2O$$

所以，氢氧化钠必须密封保存。

思考

上面两个反应有什么共同之处？三氧化硫（SO_3）与碱的反应与上面的两个反应类似，试写出三氧化硫与氢氧化钠反应的化学方程式：________________________________。

（3）根据以上实验和讨论，试归纳出氢氧化钠、氢氧化钙等碱有哪些相似的化学性质。

氢氧化钠和氢氧化钙都能使紫色石蕊溶液变蓝，使无色酚酞溶液变红；它们都能与非金属氧化物（如二氧化碳和三氧化硫）反应生成水。那导致它们共同性质的本质是什么呢？又应该用什么方法来研究呢？

我知道，碱类物质性质相似的原因可能与碱在水溶液中含有相同的粒子有关，我们可以通过导电实验进行研究。

实验名称：探究碱具有共同性质的本质

如图所示，分别试验氢氧化钠溶液和氢氧化钙溶液的导电性，观察灯泡发光的情况。记录现象：________________________________。

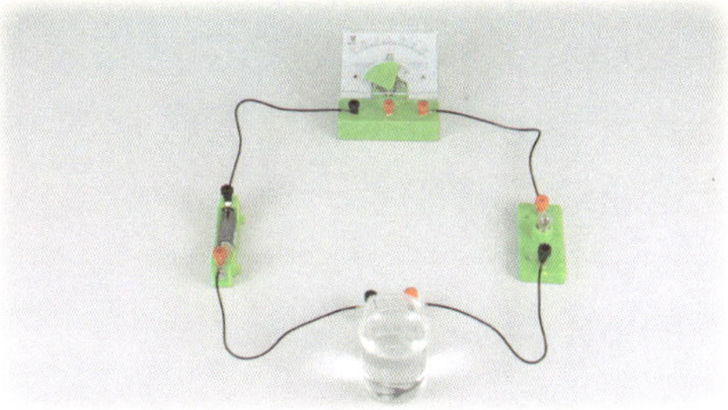
图 6-18 试验物质的导电性

哇，小灯泡又都亮啦。那说明氢氧化钠溶液和氢氧化钙溶液都是能导电的，进一步说明氢氧化钠溶液和氢氧化钙溶液中都存在带电的粒子，那是什么呢？我们一起来看模拟图。

我知道了，NaOH 在水中会解离出 Na^+ 和 OH^-，$Ca(OH)_2$ 在水中就会解离出 Ca^{2+} 和 OH^-。像氢氧化钠、氢氧化钙这样的碱，在水溶液中都能解离出金属离子和 OH^-，即在不同的碱溶液中都含有 OH^-，所以，碱也有一些相似的性质。

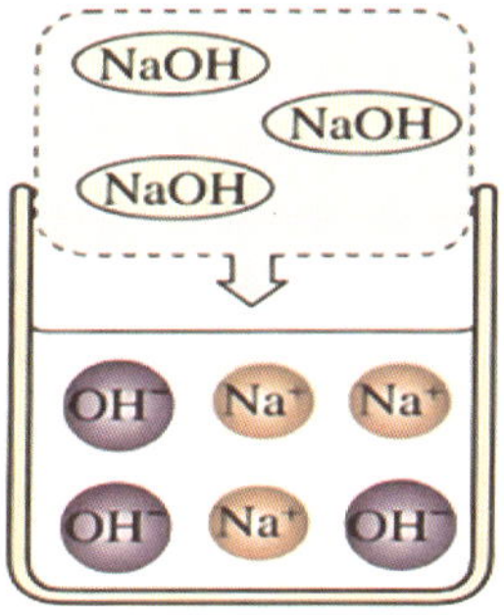

图 6-19 NaOH 在溶液中解离出离子

是的，碱具有相似性质的本质就是他们的水溶液中都含有 OH^-。除了氢氧化钠和氢氧化钙之外，常见的碱还有氢氧化钾（KOH）和氨水（$NH_3 \cdot H_2O$）。只不过氨水的解离与碳酸一样，并不能完全解离，它是一种弱碱，我们会在以后的学习中探究它的性质。

哇，酸和碱都太神奇了，可是我还有一个问题，花园中用生石灰调节土壤酸碱性环境时，要保持在一定的碱性范围内，才能确保石竹的生长，那如何精准地控制酸碱性呢？

通过前面的学习，我们知道利用酸碱指示剂可以检验溶液的酸碱性，这是一种相对比较粗略的测量方式。在生活、生产和科学研究中，往往还需要精确地知道溶液的酸碱性强弱程度，即溶液的酸碱度。那么，怎样测定和表示溶液的酸碱度呢？

溶液的酸碱度通常用 **pH** 来表示，pH 的范围通常为 0～14。测定 pH 最简便的方法是使用 pH 试纸。我们一起通过实验来看一看吧！

实验名称： 测量几种溶液的 pH

实验用品： 稀盐酸、稀硫酸、氢氧化钠溶液、氯化钠溶液、PH 试纸、玻璃片、玻璃棒

实验步骤

在白瓷板或者玻璃片上放一小片 pH 试纸，用玻璃棒蘸取溶液滴到 pH 试纸上，把试纸显示的颜色与标准比色卡比较，读出该溶液的 pH。

	pH	酸碱性
稀盐酸		
稀硫酸		
氢氧化钠溶液		
氯化钠溶液		

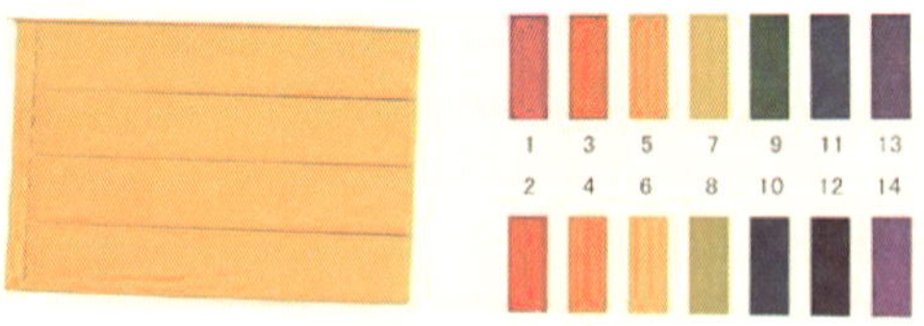

图 6-20　一种 pH 试纸和比色卡

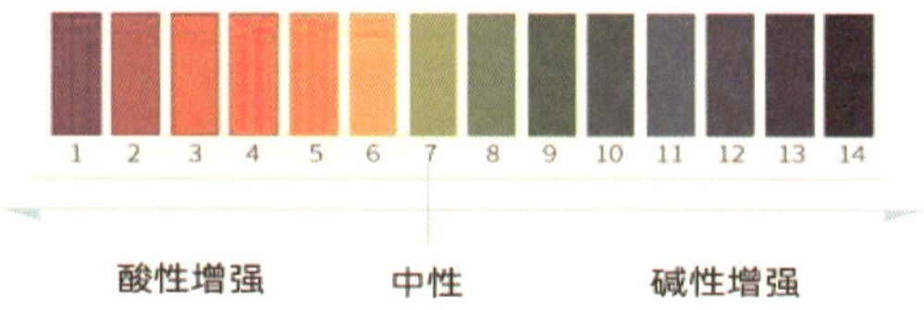

图 6-21　pH 和溶液的酸碱性

我学会了，原来利用 pH 试纸测量溶液的酸碱度，只需要蘸取待测溶液，然后滴到 pH 试纸上，将试纸颜色与标准比色卡对比即可。如果 pH<7，代表溶液呈酸性，而且 pH 越低，酸性越强；pH>7，代表溶液呈碱性，而且 pH 越高则碱性越强；pH=7 则溶液呈中性，比如氯化钠溶液就呈中性。

除了 pH 试纸外，还可以用 pH 计检测溶液的 pH。

资料卡片

pH 计

pH 计又叫酸度计，是用来精确测定溶液 pH 的仪器。pH 计有不同的型号，在精度和外观等方面有所不同。

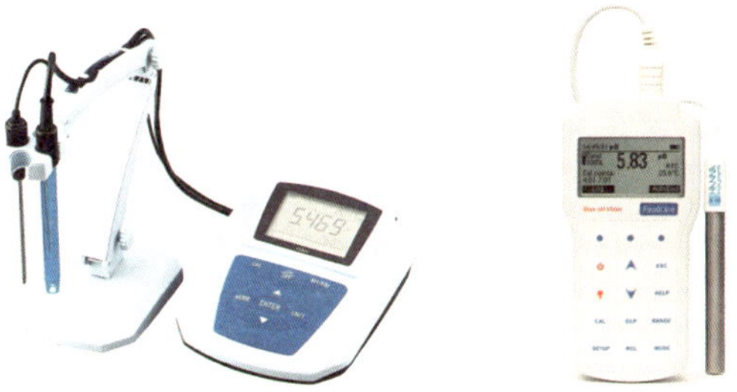

图 6-22　两种 pH 计

哦，这么看来 pH 计是比 pH 试纸更精准、更简单的测量溶液酸碱度的工具。可见科技发展让生活和科研更便利、更精准。

接下来我们一起来测量下生活中一些物质的 pH 吧！

实验名称：测定生活中一些物质的 pH

实验步骤

根据自己的情况选择用 pH 试纸或者简易的 pH 计测定生活中一些物质的 pH（可根据实际情况选择生活中的一些物质进行实验）。

生活中的物质	pH	酸碱性	生活中的物质	pH	酸碱性
橘汁			汽水		
糖水			自来水		
牛奶			唾液		
番茄汁			草木灰水		
肥皂水			洗洁精		
苹果汁			白醋		

图 6-23　身边一些物质的 pH

原来生活中的各种物质都有自己的酸碱度，难怪花园里的花都需要在合适的酸碱环境里才能盛开。可是为什么碱可以改良酸性土壤，酸可以改良碱性土壤呢？它们之间发生了什么？

酸有相似的化学性质，碱也有相似的化学性质，那把酸和碱混合后会怎样呢？我们一起通过实验来看看吧！

实验名称： 探究酸和碱的反应

实验用品： 稀盐酸、氢氧化钠溶液、酚酞溶液、烧杯、滴管、玻璃棒

如图所示，在烧杯中加入约 5 mL 稀氢氧化钠溶液，滴入几滴酚酞溶液。用滴管慢慢滴入稀盐酸，并不断搅拌溶液，至溶液颜色恰好变为无色为止。记录现象：____

____。

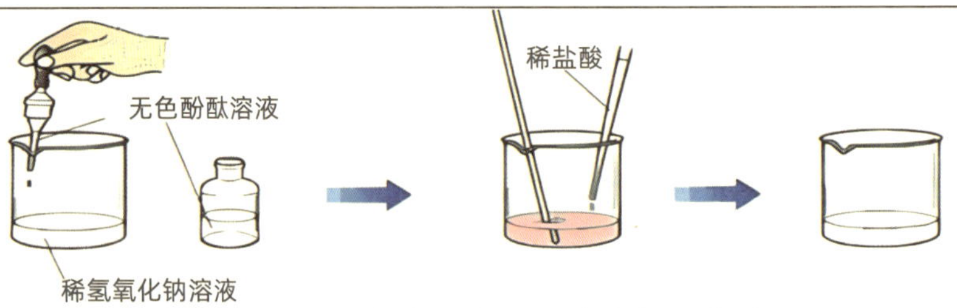

图 6-24　在氢氧化钠溶液中滴加稀盐酸

我好像明白了。向稀氢氧化钠溶液中加入酚酞，溶液变红，此时溶液呈现碱性，在逐滴滴加稀盐酸的过程中，溶液红色变浅，最终变为无色，说明溶液不再显碱性了，可能是中性或者酸性。那就是说稀盐酸把稀氢氧化钠溶液的碱性逐渐变成了中性或者酸性。那到底发生的是怎样的反应呢？

实际上，稀氢氧化钠溶液和稀盐酸反应，生成了氯化钠和水，用化学方程式表示：

$$NaOH + HCl = NaCl + H_2O$$

资料卡片

中和反应

酸和碱溶液能发生类似盐酸与氢氧化钠的反应。例如：

$$Ca(OH)_2 + 2HCl = CaCl_2 + 2H_2O$$

$$2NaOH + H_2SO_4 = Na_2SO_4 + 2H_2O$$

可见，上述反应中生成的氯化钠、氯化钙和硫酸钠都是由金属离子和酸根离子构成的，我们把这样的化合物叫作盐。盐在水溶液中会解离出金属离子和酸根离子。

酸与碱作用生成盐和水的反应，叫作**中和反应**。

那我明白了，土壤如果偏酸性，可以加氧化钙去改良，氧化钙与土壤中的水反应生成的氢氧化钙是碱，它与土壤中的酸发生中和反应，从而调节土壤的酸碱性使之利于植物生长。

是的，酸碱中和反应在日常生活和生产中有着广泛的应用。例如工厂生产过程中产生的酸性或碱性污水，需要进一步加碱或酸处理后才能排放；人的胃液里含有适量的盐酸帮助消化，但如果饮食过量，胃会分泌大量胃酸，造成胃部不适以致消化不良，这种情况下，可以遵医嘱服用某些含有碱性物质的药物，以中和过多的胃酸；人被蚊虫叮咬后，蚊虫在人的皮肤内分泌的蚁酸，使叮咬处红肿痛痒，如果涂一些含碱性物质的溶液，就可以减轻痛痒。

思维训练

在某些食品的包装袋内，有一个装有白色颗粒状固体的小纸袋，上面写着“干燥剂，主要成分为生石灰”。为什么生石灰能作干燥剂？如果将小纸袋拿出来放在空气中，经过一段时间后，会发现纸袋内的白色颗粒黏在一起成为块状。这是为什么？试写出有关反应的化学方程式。

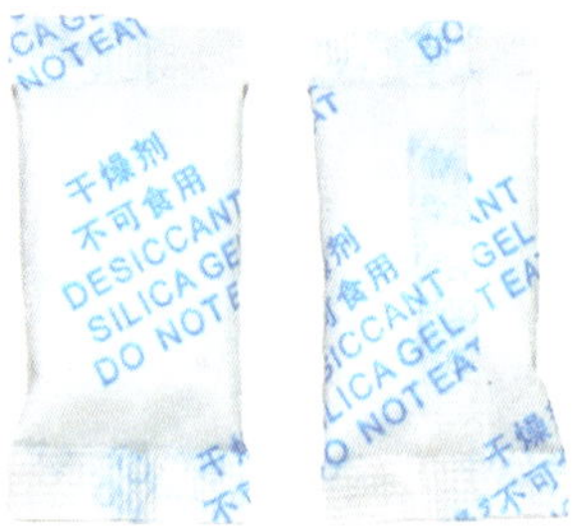

图 6-25　干燥剂

灵析走出斗南花卉基地，脑海中依然呈现着争奇斗艳的花朵，她不禁思考，这些花儿的生长，除了需要合适的酸碱环境之外，是否也需要一些营养元素呢？

是的，植物生长必需的三大元素分别是氮、磷、钾，它们分别以硝酸铵、磷酸二氢钙、硫酸钾等盐的形式被放到土壤中，在湿润的土壤中解离出相应的离子被植物吸收，参与植物蛋白质的合成等生命活动。此外，还有一些微量元素，如铁、锌、铜等，也以盐的形式存在于土壤中，对植物的生长起着重要的作用，因此一些土壤贫瘠的地区就需要向土壤中加入相应的元素，从而确保农作物的茁壮生长。

接下来，我们跟灵析一起去到吉林省大安市，看看人类是怎样利用化学物质来改善自然环境的吧！

第3节　盐碱地上稻花香——自然与人工的碰撞

金秋十月，灵析来到了吉林省大安市。金黄的稻田一望无际，微风吹来，仿佛金色的海洋在微风中泛起层层波浪。沉甸甸的稻穗压弯了稻秆，每一粒稻谷都饱满充实，像是在诉说着丰收的喜悦。收割机在田间欢快地穿梭，发出隆隆的声响，如同奏响了一曲丰收的交响乐。农民们忙碌的身影在田间穿梭，脸上洋溢着幸福的笑容，那是对丰收的满足，对未来的憧憬。可谁能想到，这片土地五年前还是一片白花花的盐碱地，土地板结，泛着白色的盐碱，仿佛是大地的伤疤，几乎寸草不生，更别提长出粮食了。当时人们还编了顺口溜：“碱地白花花，一年种一茬，小苗没多少，秋后不剩啥。”经过科研工作者的不断实验改良，现在成为亩产千斤的良田。

图 6-26　大安市秋收的场景

图 6-27　五年前大安市的盐碱地

灵析看着眼前碧水蓝天、草茂粮丰的场景，心中既有对大自然的敬畏之情，也有对科技进步的喜悦之意。

五年来，这片土地上到底发生了怎样的神奇变化，让曾经的不毛之地变成了今日的粮仓？

资料卡片

大安市的土地情况

大安市位于吉林省西北部，地处松嫩平原腹地，地势平坦低洼，不利于排水，使得地下水位升高，地下水中的盐类物质（主要是氯化钠、碳酸钠和碳酸氢钠）被带到地面，又由于年降水量低于年蒸发量，使土壤中的水分大量蒸发，盐随水分蒸发而留在土壤中，因此导致土地盐碱化。同时，土壤肥力不足，缺乏有机质和必要的养分，非常不利于农作物的生长。

原来是地形和气候导致了大安市的土地盐碱化严重。

刚刚提及的地下水中的盐类物质，如氯化钠、碳酸钠、碳酸氢钠等，它们都是我们生活中常见的物质，奇怪的是，盐类物质含量多的土地为什么要说“盐碱化”，而不说“盐化”呢？

资料卡片

常见的盐——氯化钠、碳酸钠和碳酸氢钠

氯化钠是重要的调味品，它在自然界分布广泛，海水、盐湖和盐井中都含有大量的氯化钠。

碳酸钠俗称纯碱、苏打，广泛用于玻璃、造纸、纺织和洗涤剂的生产等。

碳酸氢钠俗称小苏打，是焙制糕点所用的发酵粉的主要成分之一；在医疗上，它是治疗胃酸过多症的一种药剂。

走进化学实验室

实验名称：测定氯化钠、碳酸钠和碳酸氢钠溶液的 pH

实验用品：氯化钠溶液、碳酸钠溶液、碳酸氢钠溶液、PH 试纸或 PH 计

实验步骤

根据自己的情况选择用 pH 试纸或者 pH 计测定氯化钠、碳酸钠和碳酸氢钠溶液的 pH。

	氯化钠	碳酸钠	碳酸氢钠
pH			
酸碱性			

太神奇了，碳酸钠和碳酸氢钠都属于盐类物质，但是它们的水溶液呈现碱性，这就是土壤中含有这些物质时，我们说土地“盐碱化”的原因吧！

是的，盐碱地的土壤是碱性的，不利于农作物的生长。那人们又是通过怎样改良使其变成了今天的粮仓的呢？

资料卡片

大安市盐碱地改良情况

大安市土地改良从 20 世纪便开始了，人们尝试了不同的办法，但收效甚微，直到 2014 年，中国科学院大安碱地生态试验站的科研团队摸索出一套用工业废渣——酸性磷石膏改良盐碱地种植水稻的好办法。酸性磷石膏含有丰富的二水硫酸钙，能与盐碱地中碱性的碳酸钠和碳酸氢钠反应生成中性的硫酸钠，然后通过灌排洗盐降碱排走硫酸钠，达到降低土壤碱性的目的。

酸性磷石膏是什么物质？为什么能够与碳酸钠和碳酸氢钠发生化学反应，降低土地的碱性呢？

酸性磷石膏的主要成分是二水合硫酸钙（$CaSO_4 \cdot 2H_2O$），还含有一些酸性物质，如磷酸（H_3PO_4）等，所以叫作酸性磷石膏。我们知道碳酸钠和碳酸氢钠溶液呈碱性，那它们是否能与酸性磷石膏中的酸性物质磷酸发生反应呢？反应后是否还有碱性呢？我们跟灵析一起分析一下吧！

碳酸钠和碳酸氢钠的组成与我们在学习二氧化碳的制法时用到的原料碳酸钙有些相似，它们都含有碳酸根，所以性质也相似。碳酸钙可以与盐酸反应生成二氧化碳气体，反应的化学方程式如下：

$$CaCO_3 + 2HCl = CaCl_2 + CO_2\uparrow + H_2O$$

那碳酸钠和碳酸氢钠是否也可以和盐酸反应呢？我们一起来试试吧！

实验名称： 探究碳酸钠和碳酸氢钠的性质

实验名称： 碳酸钠、碳酸氢钠、盐酸、澄清石灰水、试管、带橡胶塞的导气管夹

实验步骤

（1）向盛有 0.5 g 碳酸钠的试管里加入 2 mL 盐酸，迅速用带导管的橡胶塞塞紧试管口，并将导管另一端通入盛有澄清石灰水的试管中，打开弹簧夹，观察现象。

用碳酸氢钠代替碳酸钠再次进行上述实验，并分析现象。

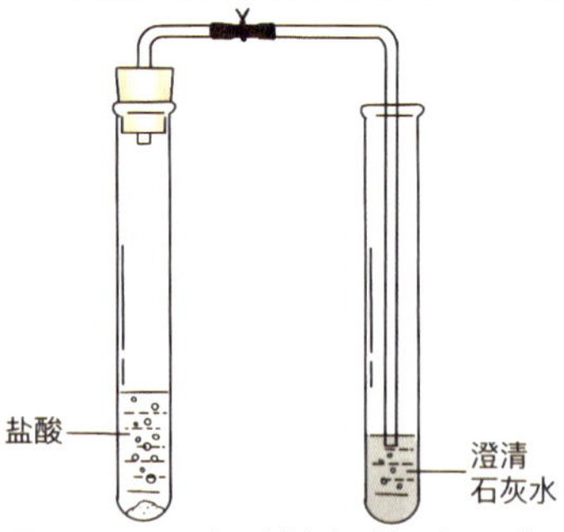

图 6-28　碳酸钠与盐酸反应

	碳酸钠 + 盐酸	碳酸氢钠 + 盐酸
现象		
分析		

上述反应的化学方程式：

$$Na_2CO_3 + 2HCl = 2NaCl + CO_2\uparrow + H_2O$$

$$NaHCO_3 + HCl = NaCl + CO_2\uparrow + H_2O$$

（2）向盛有少量碳酸钠溶液的试管里滴加澄清石灰水，观察并分析现象。

现象	
分析	

上述反应的化学方程式：

$$Na_2CO_3 + Ca(OH)_2 = 2NaOH + CaCO_3\downarrow$$

我知道了，磷酸和盐酸都属于酸，既然碳酸钠和碳酸氢钠分别能与盐酸反应生成二氧化碳，那么它们也能与磷酸反应生成二氧化碳。此外，根据碳酸钠还可以与氢氧化钙反应生成碳酸钙沉淀，而酸性磷石膏中含有硫酸钙，硫酸钙中也含有钙离子，所以碳酸钠也可以与硫酸钙发生化学反应生成碳酸钙沉淀和硫酸钠，硫酸钠是中性的，所以盐碱地的碱性就被中和了。

是的，酸性磷石膏中的物质与碳酸钠、碳酸氢钠发生化学反应，使得让土壤呈碱性的碳酸钠和碳酸氢钠转化为呈中性的硫酸钠，再用合适的灌排方式排走硫酸钠，同时碳酸钙不溶于水，它留在土壤中可以改良土壤结构，增加土壤的透气性和保水性，有效改良土壤。

接下来我们一起来看一下实验中碳酸钠、碳酸氢钠与盐酸的反应，它们有什么特点呢？

回忆第二章学习到的复分解反应，通过分析可以发现，它们都发生在溶液中，都是由两种化合物相互交换成分，生成另外两种化合物的反应，所以碳酸钠、碳酸氢钠与盐酸的反应均为复分解反应。

哇，化学可太神奇了，人类利用复分解反应轻松地改良了盐碱地。那是不是就可以直接种植水稻了？

改良后的土地可以直接用于种植水稻了，但要保证水稻的高产量，还需要在水稻生长的特定时期施用肥料。植物生长需要养分，土壤所能提供的养分是有限的，因此要靠施肥来补充，施肥是使农业增产的重要手段。人类最初使用的肥料是人畜粪便、植物体等沤制的天然有机肥料。18 世纪中期，随着人们对化学元素与植物生长关系的了解，出现了以化学和物理方法制成的含农作物生长所需营养元素的化学肥料（简称化肥）。之后，随着世界人口的增长，人类对农产品需求量增大，增施化肥逐渐成为农作物增产的最有力措施，施用化肥的增产作用占各增产因素总和的 30%～60%。

化肥中有哪些植物生长所需的营养元素呢？应该在植物生长的什么阶段施肥呢？

农作物所必需的营养元素有碳、氢、氧、氮、磷、钾、钙、镁等，其中氮、磷、钾需求量较大，因此氮肥、磷肥和钾肥是最主要的化学肥料。

分类	化学成分	主要作用
氮肥	含氮化合物：尿素 [$CO(NH_2)_2$]、氨水（$NH_3 \cdot H_2O$）、铵盐如碳酸氢铵（NH_4HCO_3）和氯化铵（NH_4Cl），以及硝酸盐如硝酸铵（NH_4NO_3）和硝酸钠（$NaNO_3$）等	氮是植物体内蛋白质、核酸和叶绿素的组成元素。氮肥有促进植物茎、叶生长茂盛，叶色浓绿，提高植物蛋白质含量的作用
磷肥	磷酸盐：磷矿粉 [$Ca_3(PO_4)_2$]、钙镁磷肥（钙和镁的磷酸盐）、过磷酸钙 [$Ca(H_2PO_4)_2$（磷酸二氢钙）和 $CaSO_4$ 的混合物] 等	磷是植物体内核酸、蛋白质和酶等多种重要化合物的组成元素，磷可以促进作物生长，还可增强作物的抗寒、抗旱能力
钾肥	硫酸钾（K_2SO_4）和氯化钾（KCl）等	钾在植物代谢活跃的器官和组织中的分布量较高，具有保证各种代谢过程的顺利进行、促进植物生长、增强抗病虫害和抗倒伏能力等功能

哇，原来化肥有这么强大的功效，农作物的各个部位、各个生长阶段都需要相应的化肥来促进生长。那是不是有的化肥会同时含有多种营养元素呢？

有些化肥同时含有氮、磷、钾中的两种或三种营养元素，如磷酸二氢铵（$NH_4H_2PO_4$）、磷酸氢二铵 $[(NH_4)_2HPO_4]$ 和硝酸钾（KNO_3）等，这样的化肥属于**复合肥料**。这类肥料的特点是能同时均匀地供给作物几种养分，充分发挥营养元素间的相互作用，有效成分高。还可以根据实际需要专门加工配制肥料，如铵磷钾是在磷酸铵基础上添加钾盐配制加工而成的。可是我们怎么知道化肥的主要营养成分呢？有没有快速的鉴别方法呢？

实验名称：初步区分常见的氮肥、磷肥和钾肥的方法

（1）比较氮肥（碳酸氢铵、氯化铵）、磷肥（磷矿粉、过磷酸钙）和钾肥（硫酸钾、氯化钾）的外观、气味和在水中的溶解性，归纳它们的性质。

	氮肥		磷肥		钾肥	
	碳酸氢铵	氯化铵	磷矿粉	过磷酸钙	硫酸钾	氯化钾
外观						
气味						
溶解性						

（2）取下列化肥各少量，分别加入少量熟石灰粉末，混合、研磨，能否嗅到气味？

	氮肥		钾肥	
	碳酸氢铵	氯化铵	硫酸钾	氯化钾
加熟石灰粉末研磨				

（3）根据上述实验，归纳初步区分氮肥、磷肥和钾肥的步骤和方法：

____

______________________________。

我们可以通过观察化肥的外观或者闻气味的方式对化肥进行简单的鉴别。如铵态氮肥与碱反应会放出氨气，有刺激性气味，所以可以很轻易将它与其他化肥相区别，也正是如此，铵态氮肥不能与碱混用，会降低肥效。而且氮肥中的氨水呈液态，碳酸氢铵有强烈的氨味，据此可直接将它们与其他氮肥相区别。

我们了解了不同化肥的性质后自然就能对它们进行鉴别了。

水稻种植都使用了哪些化肥呢？它们是在什么时候用呢？

在水稻播种或插秧前施入基肥，为水稻生长初期提供养分。基肥一般以有机肥为主，它可以改善土壤结构，增加土壤肥力，提高土壤保水、保肥能力；在水稻插秧后 7～10 天左右施加分蘖肥，以氮肥为主，可以增加分蘖数量，并辅以少量钾肥和磷肥，促进水稻根系生长和植株健壮；在水稻拔节期前后施入穗肥，主要为氮肥和钾肥，促进幼穗分化，增加颖花数量；在水稻灌浆期施用粒肥，主要是磷肥，可提高水稻的结实率和干粒重。

原来种植水稻这么辛苦，在整个生长时期的各个阶段都要依据水稻的具体生长情况施用相应的化肥，正是有了化肥和农民伯伯对化肥的正确使用，才保证粮食的丰收。

说得真好！化肥对提高农作物的产量具有重要作用。但是，由于化肥中常含有一些重金属元素、有毒有机物和放射性物质，施入土壤后会形成潜在的土壤污染；另外化肥在施用过程中因某些成分的积累、流失或变化，可能引起土壤酸化、水域氮和磷含量升高、氮化物和硫化物气体（NH_3、H_2S 等）排放等，造成土壤退化和水、大气环境的污染。因此，要根据土壤和气候条件、作物营养特点、化肥性质及其在土壤中的变化等，有针对性、均衡适度地施用化肥，提高施用效率，减少负面作用。

灵析从大安市盐碱地变成粮仓的故事中深深地体会到了人们对土地环境的不断改造，也看到了化学知识在盐碱地治理中的重要作用。灵析意识到，只要我们运用科学的方法，合理利用酸、碱、盐等物质，就能够让荒漠换新颜，创造出更加美好的生态环境。

思维训练

某造纸厂产生大量碱性的废水，如果向河水中直接排放会造成严重污染。请你运用所学的知识，设计两种检测碱性废水的方法，以及处理废水使其达到无害的排放标准的方法。

解答思路

可以用酸碱指示剂（紫色石蕊溶液、酚酞溶液）检验碱性废水，也可以用 pH 试纸或 pH 计精准地检验碱性废水的碱度。

用酸或酸性物质加入碱性废水中将其进行中和并检测达到排放标准。比如，加入适量的硫酸等。在实际操作中，需要通过精确计算和实验检测确定加入酸性物质的量，避免过度酸化。

我们跟着灵析在织金洞、斗南花卉基地和大安的稻田中认识了酸、碱和盐，及其之间的反应给自然界带来的美景和生命，接下来我们走进实验室再探酸、碱、盐之间的反应吧！

第4节 走进实验室——探究酸、碱、盐之间的反应

在经历了一系列的奇妙之旅后，灵析回到了实验室，准备深入探究酸、碱、盐之间的反应。实验室宽敞明亮，摆放着各种化学仪器和试剂，白色的实验台整洁而有序，仿佛在等待着灵析开启一场化学的探索之旅。

接下来我们运用旅行中积累的知识和经验完成探究实验吧！

走进化学实验室

实验名称：探究复分解反应发生的条件

实验用品：氢氧化钠溶液、硫酸铜溶液、氯化钡溶液、试管

实验步骤

向两支分别盛有少量氢氧化钠溶液和氯化钡溶液的试管中滴加硫酸铜溶液，观察现象并填写下表。

	$CuSO_4$ 溶液 + NaOH 溶液	$CuSO_4$ 溶液 + $BaCl_2$ 溶液
现象		
化学方程式		$CuSO_4 + BaCl_2 = BaSO_4\downarrow + CuCl_2$

思考

（1）上述两个反应是否属于复分解反应？观察到的现象有什么共同之处？

（2）前面学过的酸碱中和反应是否也属于复分解反应？中和反应的生成物中，相同的生成物是什么？

（3）碳酸钠、碳酸钙等含碳酸根离子的盐与盐酸发生复分解反应时，可观察到的共同现象是什么？

上述两个反应都是两种化合物互换成分的反应，它们都是复分解反应，可以观察到两个反应都生成了沉淀；前面所学的酸碱中和反应也属于复分解反应，都生成了水；碳酸钙、碳酸钠和碳酸氢钠等含有碳酸根离子的盐与酸反应时，可以看到都生成了二氧化碳气体。但酸、碱、盐之间并不是都能发生复分解反应。只有当两种化合物互相交换成分，有沉淀或有气体或有水生成时，才发生了复分解反应。

原来酸、碱、盐之间并不是都能发生复分解反应，那判断是否能够发生复分解反应时，应该先假设能够反应，这样就可以写出产物，然后再判断产物中是否含有水、沉淀或气体就可以了，如果都没有，那么反应就不能发生。

接下来我们一起试试吧！

实验名称：探究某些酸、碱、盐之间是否能够发生反应

实验用品：稀硫酸、氢氧化钠溶液、氯化钠溶液、碳酸钾溶液、硝酸钡溶液、试管

（1）根据复分解反应发生的条件，判断稀硫酸与下表中的四种化合物的溶液之间是否能发生反应。

	$NaOH$ 溶液	$NaCl$ 溶液	K_2CO_3 溶液	$Ba(NO_3)_2$ 溶液
稀硫酸				
判断依据				

（2）设计实验进行验证。

通过在实验室中的探究，我们对酸、碱、盐之间的反应有了更深入、更全面的认识。化学是一门充满奥秘和乐趣的学科，通过实验可以揭示物质的本质和变化规律。在学习化学的过程中，不仅要掌握理论知识，还要注重实验操作和实际应用，这样才能真正理解化学的魅力和价值。

思维训练

通过这一章的阅读和学习，请你总结酸、碱、盐的性质。

解答思路

可以利用思维导图进行整理。

化学世界还有很多的未知等待着我们去发现，希望在未来的学习和生活中，大家能够保持对世界和化学的好奇与热爱，继续探索化学的奇妙之处，为人类的进步和发展贡献自己的力量。